GUILLERMO AMECHE S.J.

Cómo Escuchar al Espíritu

UN MÉTODO DE DISCERNIMIENTO

Cómo escuchar al Espíritu
Guillermo Ameche, S.J.

Primera edición, agosto de 2000
8a. edición, febrero de 2014

Hecho en México
ISBN: 970-693-059-0
Con las debidas licencias

Obra Nacional de la Buena Prensa, A.C.
Orozco y Berra 180 • Sta. María la Ribera
Apartado M-2181 • 06000 México, D.F.
Tel. 5546 4500 • Fax 5535 5589
www.buenaprensa.com

Ventas:
Tel. 5546 4500 exts. 111 a 114
ventas@buenaprensa.com
Sin costo para usted:
01 800 5024 090

Librerías San Ignacio: www.buenaprensa.com

México, D.F. • **Col. Santa María la Ribera**. San Cosme 5. Tels: 5592 6928 y 5592 6948
• **Col. Roma.** Orizaba 39 bis. Tels. 5207 7407 y 5207 8062
• **Tlalpan.** Congreso 8. Tels. 5513 6387 y 5513 6388
• **Centro.** Pasaje Catedral. Donceles 91, locales 25 y 115. Tels. 5702 1818, 5702 1648
    y 5512 5946
Chihuahua, Chih. • Av. Tecnológico 4101. Plaza Comercial. San Agustín. Col. Granjas.
    Tel. (614) 410 9461 y 415 0092
Culiacán, Sin. • Jesús G. Andrade 214 Ote. Esq. Ángel Flores. Tel.(667) 712 4088
Guadalajara, Jal. • Madero y Pavo, Sector Juárez. Tels. (33) 3658 1170 y 3658 0936
Guadalupe, Zac. • Calle Jardín de Juárez 10. Tels. (492) 899 7980
León, Gto. • Hermanos Aldama 104. Col Centro. Tel. (477) 713 7901
Mérida, Yuc. • Calle 60 # 490 B. Col. Centro. Parque La Madre. Tel. (999) 9280 340
Monterrey, N.L. • Washington 812 pte. Centro. Tels. (81) 8343 1112 y 8343 1121
Puebla, Pue. • Blvd. Valsequillo 115. Plaza Crystal locales 9-12. Col. Residenciales
    Boulevares. Tel. (222) 211 6451
Tijuana, B.C. • General Juan Sarabia (Calle 10) 8570. Centro. Tel. (664) 634 1077
Torreón, Coah. • Czda. Cuauhtémoc 750 Nte. Centro. Tels. (871) 793 1451 y 793 1452
Tuxtla Gutiérrez, Chis. • Tercera Oriente Sur 165-3. Col. Centro. Tel. (961) 613 2041

En los **Estados Unidos: Good Press**
    cromero@goodpress.us
    Tel. 619 955 7952

Liturgical Press
sales@litpress.org
Tel. 1 800 858 5450

Más cerca de usted con la **Librería Itinerante.**

Se terminó de imprimir esta 8a. edición el día 22 de febrero de 2014, festividad de la
Cátedra de san Pedro, apóstol, en los talleres de Letra impresa GH, S.A. de C.V. Rafael
Martínez Rip Rip 114-0. Col. Independencia. 03630 México, D.F. Tel. 5539 6764.

ÍNDICE

Prólogo

El ser humano busca… Busca continuamente. Lucha por conquistar la luz, porque lo importante no es caminar, sino preguntarse hacia dónde y para qué se camina.

Nuestro mundo actual está lleno de confusión, cambios y mentiras. Todos sentimos la necesidad de descubrir la verdad y encontrar el sentido de la vida.

Los múltiples engaños que sufrimos redundan en grandes crisis personales. Nos sentimos manipulados por la sociedad de consumo y los medios de comunicación, y engañados por nuestros dirigentes. Experimentamos gran dolor y tristeza.

Más aún, nos autoengañamos constantemente. Nuestro tiempo nos agobia e impide pensar y reflexionar sobre nuestra vida. Sentimos, sobre todo, miedo. Miedo a la verdad, a vivir, a ser libres, a cambiar. Preferimos huir con prisa hacia el ruido, la televisión, el alcohol y las drogas.

No obstante, esa felicidad que anhelamos la encontraremos en la verdad; porque sólo la verdad nos hará libres (Jn 8,32). Lograremos una libertad madura y responsable.

Dios, nuestro Padre, nos creó libres, y es el único que nos puede comunicar la Verdad. Por lo tanto esa búsqueda es un don que Él nos ofrece y debemos corresponder con nuestro esfuerzo personal. El Dios de la vida está más deseoso, que nosotros mismos, de que encontremos la felicidad en este mundo.

Esta búsqueda se llama discernimiento, es decir, distinguir una cosa de otra señalando sus diferencias. Es una gran aventura hacia el interior de nosotros mismos, especialmente al enfocar nuestra atención en los sentimientos. El hombre no es solamente inteligencia e ideas, es también vida, pasión, amor. Conocer la voluntad de Dios no es tan difícil; pero conocernos a nosotros mismos y aceptarnos con amor, ése sí es el dilema.

La Sagrada Escritura, la Palabra de Dios hecha vida e historia, también es la gran epopeya de los hombres que buscan. Es un caminar en la esperanza, hacia la Tierra Prometida.

Abraham, el Padre de ese pueblo, recibe como primer mandato: *"Camina en mi presencia hasta alcanzar la perfección"* (Gen 17,1). El Pueblo entero se entregó con gozo al reto de vivir, de buscar, de discernir y... equivocarse. Sólo quien camina puede equivocarse; sin embargo... ¡vive! Si hay algo peor que el fracaso, eso es la indolencia.

La historia de tales personajes hombres y mujeres, está llena de una búsqueda apasionada, como es la de Moisés y los Profetas; o de mujeres maravillosas como Rut o Ester; o de hombres que buscan la sabiduría como lo hicieron Salomón y José.

Israel fue aprendiendo a discernir entre los verdaderos y falsos profetas; entre la Palabra de Dios y la mentira humana; entre la vida y la muerte.

Hasta que Israel encontró la Tierra Prometida, y descubrió que no era un lugar, sino una persona: ¡el Señor Jesús!

Jesús, el Camino, la Verdad y la Vida, es el verdadero maestro de todo discernimiento; nos mostró el camino de la felicidad no sólo con sus palabras sino con su manera de vivir. Jesús estuvo totalmente abierto a la voluntad de su Padre, que siempre buscó y encontró.

San Pablo y san Juan que nos enseñan el camino del discernimiento; y san Ignacio de Loyola, un hombre contemporáneo, cercano a nosotros, nos lo muestra de forma genial a partir de su propia experiencia –dolorosa y liberadora– al dejarnos reglas magistrales sobre el discernimiento.

El discernimiento no es complicado ni angustioso como algunos autores especializados nos proponen en sus obras; o exclusivo de las personas muy espirituales que logran alcanzar las alturas de la contemplación. El discernimiento brota de la vida y la vida es sencilla y alegre. El Dios de la Vida no es complicado; nosotros lo hemos hecho. Los niños son, sin lugar a duda, los que nos descubren la sencillez de la búsqueda; es propiamente un juego de luces y sombras en que al final siempre gana la Luz.

Por eso, no hay nadie mejor que Guillermo, un catequista, que conoce al niño y la sencillez del pueblo, para que con sus reflexiones y dibujos en *Cómo escuchar al Espíritu*, nos lleve a las grandes orientaciones del discernimiento, de una manera fácil, con profundo cariño, sencillez, humor y madurez espiritual.

También, con un gran conocimiento de la Biblia, nos propone a algunos personajes haciéndolos más accesibles y cercanos al hombre de hoy.

Y, desde luego, con toda su experiencia de jesuita y sacerdote entre los pobres y sencillos, nos comunica una de sus más bellas lecciones: sólo los pobres y humildes, los que son pequeños y aquellos que sufren, buscan y disciernen. Quizá la Luz se conquista con las lágrimas de nuestros ojos, porque a los que tocan a la puerta, se les abrirá; y los que tienen hambre y sed, serán saciados.

Guillermo sabe que todo auténtico discernimiento se hace en oración y desde la oración; pero también en el acontecer cotidiano, como fue la vida de Rut, Amós o Pablo.

Soy amigo y compañero de Guillermo, y me da mucho gusto presentar su libro *Cómo escuchar al Espíritu*, del que estoy seguro hará un bien enorme a todos aquellos que con corazón de pobre buscan la Luz.

Enrique Ponce de León, S.J.

INTRODUCCIÓN

Todo comenzó en Tabasco. En aquel tiempo vivía en el E.R.I.T. (Equipo Rural Interreligioso de Tabasco). El Equipo lo formábamos 3 distintas comunidades religiosas (una de hombres y dos de mujeres); juntos compartimos con fe y alegría la responsabilidad de atender pastoralmente a unas 70 rancherías.

Recuerdo que cierto día decidimos tomar un descanso y fuimos todos a la playa de Paraíso, que por cierto hace mucha honra a su nombre. En el camino la hermana Rosa María Oviedo y yo platicábamos sobre una gran preocupación relacionada con los 900 laicos con ministerios eclesiales que había en la parroquia, cuyas funciones iban desde catequistas hasta ministros de la Eucaristía. Los entrenábamos para desempeñar su ministerio, pero faltaba algo porque se desanimaban con suma facilidad o no sabían qué hacer cuando surgían problemas en sus comunidades.

Rosa María y yo llegamos a la misma conclusión: necesitaban vivir una fuerte experiencia espiritual semejante a la que nos ofrecían nuestras propias congregaciones religiosas. Pero, ¿cómo propiciar esta experiencia? Nosotros hacíamos cada año ocho días de Ejercicios Espirituales. Pero para la mayoría de los laicos era imposible abandonar su trabajo o su familia por ocho días; y habría incluso quien no tendría el dinero para hacerlo. Pensamos en la posibilidad de dar los Ejercicios en la vida diaria, pero nos resultaba imposible atender a todos los 900 laicos con ministerios. De allí salió la idea publicar un folleto popular, algo sencillo y práctico, por medio del cual pudieran experimentar "lo básico" de los Ejercicios Espirituales y, a la vez, aprender "un método" que los ayudara a encontrar con más claridad la voluntad de Dios en medio de las tantas presiones de la vida.

Son muchas las personas de quienes recibí ayuda a lo largo del proceso de este libro. Quiero agradecer especialmente a Francisco López y a Pedro Arriaga, compañeros jesuitas y muy amigos. Mientras vivía en Tabasco, me tocó hacer varias veces los ocho días de Ejercicios en Jitotol, Chiapas, entre la belleza de los pinos y la amabilidad de los indígenas y de las religiosas franciscanas. Fue en aquellas circunstancias que Pancho y después Pedro me dieron las pistas de lo que es ahora el método de discernimiento que uso y que comparto en este libro.

A la Diócesis de Tabasco. A la gente de la Parroquia de Plátano y Cacao, por motivarme a hacer este libro. A los seminaristas, por experimentarlo en diversos ambientes. A los miembros de la Comisión Sinodal Diocesana: con ellos elaboré lo de las "4 Doñas". Al Obispo, Don Florencio Olvera, por haber aceptado revisar este libro y al P. Denis Ochoa, Rector del Seminario Mayor, por ser el Censor y, sobre todo, un gran amigo.

A la gente de Oaxaca, a mi comunidad y de una manera especial a mi superior, Enrique Ponce de León. A él, al C.R.T. y ahora a Buena Prensa, les agradezco a todos su incondicional apoyo y amistad.

Quisiera ofrecer una explicación por dos cosas que seguramente confundirán a más de una persona. En primer lugar, ¿por qué se le llama "Hora Santa" a cada una de las secciones de este libro?

En Tabasco es muy común que la gente se reúna en sus ermitas para orar delante del Santísimo expuesto. Cantan, rezan, leen la Biblia, meditan, hacen peticiones y comparten su fe con los demás. Es un verdadero encuentro con Dios y también con la comunidad.

En este libro quiero algo semejante. Quiero que cada parte sea también un encuentro con Dios, y que cada paso sea progresivamente más profundo y claro. No quiero que este libro se reduzca a unos ejercicios de puro razonamiento.

Aunque no son "Horas Santas" ante el Santísimo, sí son encuentros con el Señor y, por lo tanto, son más "Horas Santas" que capítulos de un libro. Pueden leerse en grupo o individualmente.

Segundo, ¿por qué se usa el ejemplo del Sagrario cuando se habla de hacer oración con Jesús?

En las rancherías de Tabasco, la gente vive con gran devoción la oración ante Jesús Sacramentado. Por eso lo puse como ejemplo; pero podemos hacer las "Horas Santas" donde mejor convenga, y no necesariamente dentro de un templo.

Guillermo Ameche, S.J.

Hora Santa N° 1

En el nombre del Padre
y del Hijo
y del Espíritu Santo.
Amén.

(Un canto de alabanza)

ORACIÓN INICIAL

Dios,
mi creador
y mi eterno acompañante,
tú que eres fuente
de todo lo que soy
y de lo que pueda ser,
ayúdame a escucharte
cuando me llamas
para que pueda andar contigo
hasta encontrar una vida mejor
para mí y para todo mi pueblo.
Te lo pido por tu Hijo, Jesucristo.
Amén.

INTRODUCCIÓN AL TEMA

Casi todos creemos en algo. El que no cree en nada, amarga la
vida de todos y se destruye a sí mismo.

A veces creemos solamente en unas ideas bonitas... Y eso
es peligroso... Porque nos puede llevar a pisotear la vida de otras
personas *con tal de lograr nuestro ideal*.

La fe, según la Biblia, consiste en *creer en alguien...* Alguien quien nos llama personalmente a todos a vivir plenamente con él. Este alguien es Dios, el creador y motor de nuestra vida y de toda vida. En la Biblia, esta fe aparece primero en Abraham.

A partir de esta "Hora Santa" en adelante, vamos a comenzar una aventura de fe como la que tuvo Abraham; vamos a dejar que Dios nos lleve a donde él quiere.

ABRAHAM: UNA HISTORIA QUE ILUMINA NUESTRO CAMINAR

Abram nació hace casi 4 mil años cerca de la gran ciudad de Ur de los caldeos (actualmente Irak). Su familia era pobre; eran pastores y vivían de sus rebaños. Para los habitantes de la ciudad, su familia era considerada poca cosa. Pero, para Dios, eran personas muy especiales y muy queridas.

Cuando Abram llegó a su juventud, su familia pasaba por una angustia muy grande. Las pocas tierras que aprovechaba para pastorear a sus animales se estaban acabando debido al rápido crecimiento de la ciudad. Y, ante esta crisis, su familia estaba dividida: unos querían quedarse y aguantar la mala suerte, mientras que otros preferían irse a buscar tierras nuevas y una vida mejor. En eso, un día el Señor le dijo a Abram:

> Deja tu tierra, tus parientes
> y la casa de tu padre
> para ir a la tierra
> que yo te voy a mostrar.
> Con tus descendientes
> voy a formar una gran nación
> y, por medio de ti, bendeciré
> a todas las familias del mundo.

Abram escucha aquella llamada que se repetía en su mente. Aquella voz interior le daba ánimo. Pero también en su interior sentía mucho miedo por dejar a su familia y a todo lo que él conocía. No le era fácil arriesgar su vida por un futuro inseguro entre gente extraña. Pero Dios le ayudó a decidirse.

Cuando pensaba en quedarse, Dios le hacía sentir una profunda *insatisfacción*, y cuando pensaba en irse, Dios le hacía sentir una gran *paz interior*. Fue esta *paz* lo que lo animó a responder al llamado del Señor.

Llevó consigo a *Sara* su mujer, sus rebaños, sus pocas pertenencias y a todos sus familiares que quisieron acompañarlos. Y comenzó la búsqueda de aquella tierra desconocida que Dios le había prometido.

Después de caminar más de mil kilómetros bajo el intenso calor del desierto, Abram encontró los pastizales que tanto soñaba; estaban entre el mar y el río Jordán en el país de Canaán, el actual Israel.

Pero, con el paso de los años, la esperanza de Abram se iba convirtiendo en amargura. No tenía hijos y Sara su mujer, por su avanzada edad, ya no podía concebir. Pensaba: ¿para qué luchar si no tengo a quien yo pueda compartir y heredar los frutos de mi vida? Dios le contestó; una noche Abram oyó en su interior la voz del Señor que le decía:

Mira el cielo y cuenta las estrellas.
Así será el número de tus descendientes.
Serás el padre de muchas naciones
y yo seré tu Dios y el Dios de ellos.

Abraham recordaba las palabras que una vez el Señor le había dicho:

Deja tu tierra, tus parientes
y la casa de tu padre
para ir a la tierra
que yo te voy a mostrar.
Con tus descendientes
voy a formar una gran nación
y, por medio de ti, bendeciré
a todas las familias del mundo.

...y Abram *creyó al Señor*... y por eso el Señor lo aceptó como justo. Desde aquella misma noche Abram cambió su nombre a Abraham, que quiere decir "Padre de muchas naciones".

Dios cumplió su promesa; Sara quedó embarazada y le dio un hijo a Abraham siendo ella ya vieja. Los dos no cabían en sí por tanta alegría. A su hijo le dieron el nombre de Isaac y lo circuncidaron en señal de que ya pertenecía al nuevo pueblo de Dios, el cual ellos tres apenas estaban formando.

Pero Abraham fue un hombre condicionado por las normas y hasta por los prejuicios de su tiempo, así como lo somos también nosotros hoy día. A Abraham su conciencia no lo dejaba en paz porque, según las costumbres religiosas que él conocía y practicaba, estaba obligado a ofrecerle a Dios en sacrificio a su primer hijo. Si no lo hiciera, él creía sinceramente que Dios los iba a castigar tanto a él como a todos los suyos. Contra todos sus sentimientos, Abraham obedeció lo que entendió como la voluntad de su Dios. Llevó al pequeño Isaac al sacrificio. Abraham tomó la leña para el sacrificio y la puso sobre los hombros de su hijo; luego tomó el cuchillo y el fuego y se fueron los dos juntos. Poco después Isaac le dijo a su papá:

Tenemos la leña y el fuego, pero ¿dónde está el animal que le vamos a sacrificar a Dios?

Abraham no pudo ni siquiera mirar a su hijo. Cuando los dos llegaron a la parte alta del cerro, Abraham construyó un altar con piedras y preparó la leña; luego ató a su hijo y lo recostó sobre el altar, encima de la leña. Pero, al tomar el cuchillo, en su interior Abraham oyó claramente la voz del Señor que le decía:

Abraham , Abraham... ¡no mates a tu hijo!...
¡no quiero que muera!... ¡quiero que viva!...
Soy el Dios de la vida... ¡no de la muerte!

Al instante Abraham comprendió cómo era este Dios en quien él había puesto toda su fe: era Dios de vida. Desató a su hijo y lo abrazó... Y, a partir de aquel momento, nunca se cansaba de hablarle a todo el mundo de cómo Dios lo había liberado una y otra vez hasta que pudo vivir como siempre había anhelado. Abraham, por fin, había descubierto "la tierra que Dios le había prometido".

Por eso, su hijo *Isaac*, su nieto *Jacob* y todos sus descendientes siempre recordaban lo que un día el Señor le dijo a Abram:

Deja tu tierra, tus parientes
y la casa de tu Padre
para ir a la tierra
que yo te voy a mostrar.
Con tus descendientes
voy a formar una gran nación
y, por medio de ti, bendeciré
a todas las familias del mundo.

[Esta historia fue tomada del Génesis cap. 12 al cap. 22.]

(Un canto relacionado con algún aspecto de esta historia)

UNA CATEQUESIS

ESTAS "HORAS SANTAS" ESTÁN HECHAS PARA **LEER** Y **REZAR** EN PRESENCIA DE

JESÚS

PERO... ¿CÓMO DEBEMOS ESTAR ANTE JESÚS?

1 UNOS PIENSAN QUE JESÚS ES "EL PRISIONERO DEL SAGRARIO" Y SE SIENTEN OBLIGADOS A VISITARLO MUCHO PARA QUE NO SE QUEDE SOLO... Y CUANDO **NO** PUEDEN HACERLO ... SE SIENTEN **CULPABLES**

PERO ➡ **JESÚS** LIBREMENTE SE HA QUEDADO PARA ESTAR CON SUS AMIGOS

② OTROS SE FIJAN SÓLO EN "**LO DIVINO**" DE **JESÚS**...

Y ANTE LA MIRADA DE ESE SER PERFECTO — SE SIENTEN MAL —.

NO CREEN QUE JESÚS PUEDE PERDONARLES SUS PECADOS Y SE SIENTEN **INDIGNOS** PARA ACERCARSE A ÉL.

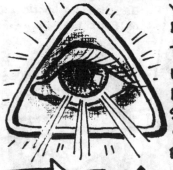

PERO ➡ **JESÚS** NOS AMA TAL COMO SOMOS.

③ UNOS ESTÁN ACOSTUMBRADOS A REZAR **LAAAArgas** ORACIONES Y, MUCHAS VECES, AL TERMINAR SE SIENTEN **CANSADOS** Y **ABURRIDOS**

PERO ➡ JESÚS **NO** PIDE PALABRAS, SINO AMISTAD...Y LA AMISTAD ¡NUNCA SE CANSA NI ABURRE!

PARA SABER CÓMO ESTAR ANTE JESÚS... SÓLO HAY QUE LEER **EL EVANGELIO** ...¡Y FIJARNOS EN CÓMO LOS DEMÁS ACTUABAN DELANTE DE **ÉL**!

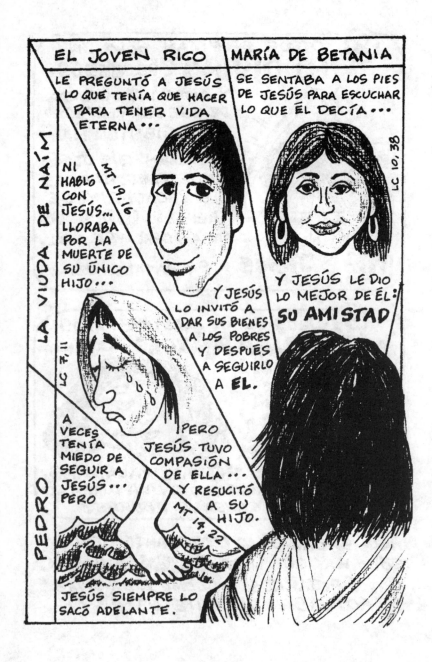

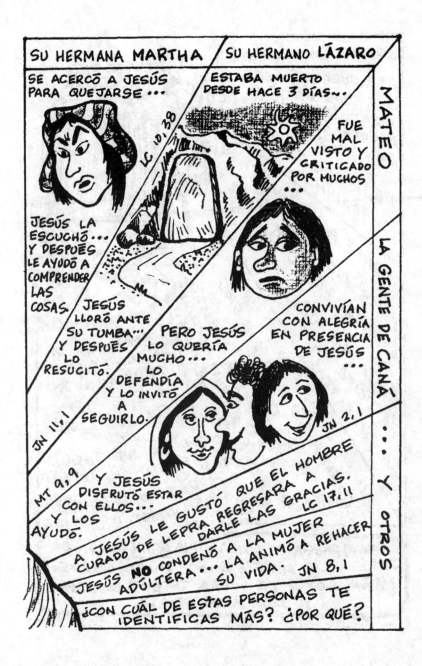

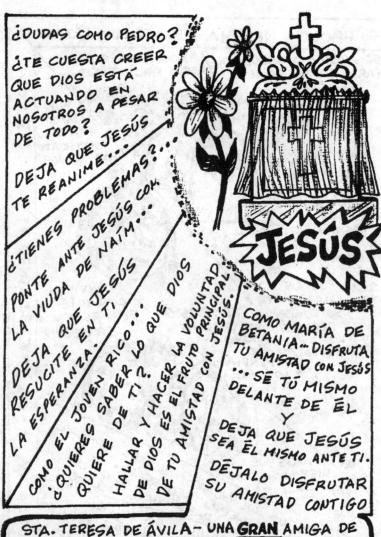

¿DUDAS COMO PEDRO?

¿TE CUESTA CREER QUE DIOS ESTÁ ACTUANDO EN NOSOTROS A PESAR DE TODO?

DEJA QUE JESÚS TE REANIME...

¿TIENES PROBLEMAS?...

PONTE ANTE JESÚS COM LA VIUDA DE NAÍM...

DEJA QUE JESÚS RESUCITE EN TI LA ESPERANZA.

COMO EL JOVEN RICO... ¿QUIERES SABER LO QUE DIOS QUIERE DE TI?. HALLAR Y HACER LA VOLUNTAD DE DIOS ES EL FRUTO PRINCIPAL DE TU AMISTAD CON JESÚS.

JESÚS

COMO MARÍA DE BETANIA... DISFRUTA TU AMISTAD CON JESÚS ... SÉ TÚ MISMO DELANTE DE ÉL Y DEJA QUE JESÚS SEA ÉL MISMO ANTE TI. DÉJALO DISFRUTAR SU AMISTAD CONTIGO

STA. TERESA DE ÁVILA— UNA **GRAN** AMIGA DE JESÚS— LES ENSEÑÓ A LOS DEMÁS A ORAR ASÍ: MIRA CÓMO TE MIRA JESÚS CON AMOR Y CON HUMILDAD.

AGRADÉCELE A JESÚS COMO LO HIZO EL LEPROSO...

DÉJATE RECIBIR EL PERDÓN COMO LO RECIBIÓ LA MUJER ADÚLTERA

¿QUIERES PLATICAR CON TUS AMIGOS SOBRE TU FE Y TU VIDA... Y SOBRE EL SERVICIO QUE ESTÁS DANDO A LOS DEMÁS?... ¡HAZLO ANTE JESÚS! LE GUSTA VERNOS CONTINUANDO SU OBRA

¿TE SIENTES COMO MATEO... CRITICADO Y RECHAZADO POR LA GENTE? JESÚS TE INVITA A TI A SEGUIRLO TAL COMO ERES... ¡CUENTA CON ÉL!

¿ESTÁS MUERTO COMO LÁZARO... POR TUS VICIOS, TUS PECADOS O POR TUS ANGUSTIAS? JESÚS LLORA POR TI PORQUE TE AMA DÉJALO AYUDARTE A RESUCITAR OTRA VEZ A LA VIDA.

¿A VECES QUIERES SER COMO MARTHA"... Y QUEJARTE CON DIOS"... O HASTA CONTRA DIOS? JESÚS NO QUIERE QUE GUARDES NADA ANTE ÉL. TE ESCUCHARÁ Y TE ILUMINARÁ.

PARA ESTAR ANTE JESÚS...
¿QUÉ ES LO **MÁS** IMPORTANTE?

MEDITACIÓN

1) Un momento en silencio para meditar sobre lo que más te gustó de la historia de Abraham o de la catequesis. ¿por qué te gustó?

2) Reflexión con preguntas:

Qué hay en común entre la vida de Abraham y tu vida?
¿Cómo te llamó el Señor a ti?
¿En qué momento de tu caminar estás ahora?
¿Cómo está tu ánimo? ¿por qué?
¿Qué es lo que te gustaría decirle al Señor?

3) Oración: platica todo esto con el Señor y, después, escucha todo lo que Él te dice.

4) Comparte con los demás: ¿cómo te sientes después de orar? ¿por qué te sientes así?

SALMO 119

ES EL SEÑOR QUIEN ME ENSEÑA EL CAMINO

Tu palabra es una lámpara a mis pies
y una luz en mi camino,
hice un juramento, y lo voy a cumplir:
¡pondré en práctica tus justos decretos!

Señor, me siento muy afligido;
¡dame vida, conforme a tu promesa!
Acepta, Señor, las ofrendas de mis labios,
y enséñame tus decretos.

Siempre estoy en peligro de muerte,
pero no me olvido de tu enseñanza.
Los malvados me ponen trampas,
pero no me aparto de tus preceptos.

Mi herencia eterna son tus mandatos,
porque ellos me alegran el corazón.
De corazón he decidido practicar tus leyes,
para siempre y hasta el fin.

ES EL SEÑOR QUIEN ME ENSEÑA EL CAMINO

Tu palabra, Señor, es una lámpara a mis pies y una
luz en mi camino.

SALMO 42

DE DÍA EL SEÑOR ME ENVÍA SU AMOR

Como ciervo sediento en busca de un río,
Así, Dios mío, te busco a ti.
Tengo sed de Dios, del Dios que da la vida.

¿Por qué voy a desanimarme?
¿Por qué voy a estar preocupado?
Mi esperanza he puesto en Dios,
a quien siempre seguiré alabando.
¡Él es mi Dios y salvador!

Me siento muy desanimado.
Por eso pienso tanto en ti
desde la región del río Jordán,
desde los montes Hermón y Mizar.
Se oye en los barrancos profundos
el eco atronador de tus cascadas;
los torrentes de agua que tú mandas
han pasado sobre mí.

De día el Señor me envía su amor,
y de noche no cesa mi canto
ni mi oración al Dios de mi vida.

¿Por qué voy a desanimarme?
¿Por qué voy a estar preocupado?
Mi esperanza he puesto en Dios,
a quien siempre seguiré alabando.
¡Él es mi Dios y salvador!

DE DÍA EL SEÑOR ME ENVÍA SU AMOR

Como ciervo sediento en busca de un río,
así, Dios mío, te busco a ti.

PETICIONES

Dios,
Padre de Abraham
y Padre mío,
ayúdame a crecer en vida y en alegría
junto con los demás, mis hermanos.
Por eso, me uno a toda la Iglesia
para hacerte estas peticiones:

Haz que estemos dispuestos a escuchar tu llamado.
* Escúchanos, Señor.

Ilumina nuestro caminar.
* Escúchanos, Señor.

Ayúdanos a aprender a confiar en ti
* Escúchanos, Señor.

* (otras peticiones)

Escucha, Señor, todo lo que te hemos pedido
y concédenos lo que nos ayudará
a responder mejor a tu llamado.
Te lo pedimos por tu Hijo, Jesucristo.
Amén.
(Rezar juntos el *Padrenuestro*)

ORACIÓN A MARÍA

María, nuestra Madre,
sentimos tu presencia entre nosotros.
Tu cariño y tu ejemplo nos animan;
tu intercesión nos salva.

Cuando Dios te llamó,
por medio del ángel Gabriel,
le contestaste rápido:
—yo soy la esclava del Señor;
que Dios haga conmigo
como me has dicho.

Ayúdanos a responder de igual modo
al llamado que Dios nos hace,
y haz que sintamos lo mismo que tú
cuando dijiste:

— Mi espíritu se alegra en Dios, mi salvador,
porque Dios ha puesto sus ojos en mi,
su humilde esclava,
y desde ahora siempre me llamarán dichosa;
porque el todopoderoso ha hecho en mí grandes
cosas.
¡Santo es su nombre!

María, nuestra Madre,
sentimos tu presencia entre nosotros.
Tu cariño y tu ejemplo nos animan;
tu intercesión nos salva.

(Rezar juntos el *Avemaría*)

ORACIÓN FINAL

(Un momento de silencio para pensar en *una sola frase* que capte lo que *más* te ha impactado durante esta "Hora Santa". Se comparten las frases.)

Que el Señor nos bendiga,
que nos dé las fuerzas para seguir su llamado
y que nos lleve a una vida plena
tal como nos lo había prometido
desde los tiempos de Abraham hasta ahora.
Amén.

(Un canto final)

Hora Santa N° 2

En el nombre del Padre
y del Hijo
y del Espíritu Santo.
Amén.

Como ciervo sediento en busca de un río,
así, Dios mío, te busco a ti.

Tu amor para conmigo
es como un manantial
que nunca se agota.

Me has llamado, Señor,
para conocer tu amor.
Tu palabra es una lámpara a mis pies
y una luz en mi camino.

Gracias, Señor,
por enviarme tu amor cada día.

(Un canto de alabanza)

ORACIÓN INICIAL

Señor y Dios mío,
me has llamado a acompañar a mi pueblo
en su lucha por la vida.
Sé que me faltan muchas cosas
para poder amarlo y servirlo bien,

pero sé también que tú me conoces y que me
acompañas.
Por eso, Señor, te pido que me des
UN ESPÍRITU ATENTO
para escuchar,
para comprender y
para actuar con rectitud
para el bien de tu pueblo.
Te lo pido por tu Hijo, Jesucristo.
Amén.

INTRODUCCIÓN AL TEMA

Con Abraham aprendemos que la fe no es *algo para poseer*, sino
más bien *toda una aventura para vivir*. Se nota inmediatamente
cuando alguien tiene fe.

¿En qué se nota?

En que *camina*… Va buscando a "su tierra prometida"… La busca
junto con los demás y no se queda contento hasta que la encuentra… Se siente profundamente llamado, impulsado y acompañado
por este Dios vivo quien le promete una vida siempre mejor, tanto
para él como para toda la humanidad.

Con Abraham aprendimos a *caminar en la fe*. Ahora, otro
personaje de la Biblia –Salomón– nos enseñara a caminar *con
pasos seguros*.

Salomón fue forzado a caminar en la fe por las circunstancias de la vida. Su padre era David, uno de los primeros reyes
(dirigentes políticos) del pueblo de Dios en Israel. Y –según la
costumbre de los reinos– cuando el rey muere, el hijo hereda su
poder y autoridad en toda la nación. Así es que, cuando David
murió, Salomón fue proclamado rey de Israel aunque sólo era un
adolescente sin experiencia. Aquel día Salomón hizo esta petición
a Dios:

Ahora bien, Señor y Dios mío,
me has hecho rey en lugar de David, mi Padre.
Pero yo todavía no sé conducirme.
Soy muy joven para estar al frente del pueblo que

has elegido; un pueblo tan numeroso que no se
puede contar.
Dame, pues, a mí, tu servidor,
un corazón que sepa escuchar
para gobernar bien a tu pueblo
y para decidir entre lo bueno y lo malo,
porque si no...
¿cómo voy a gobernar a este pueblo tan grande?
(1 Re, 3)

Dios escuchó su oración y le ayudó a Salomón a *escuchar* a los
demás, a *comprender* lo que les estaba sucediendo y a *actuar con
rectitud.* Así Salomón crecía en sabiduría y aprendía a gobernar
con justicia. Y el pueblo vivía en paz. Pues, donde hay justicia,
habrá paz.

SALOMÓN:
UNA HISTORIA QUE ILUMINA NUESTRO CAMINAR

-El juicio de Salomón-

En aquel tiempo fueron a ver al rey Salomón dos mujeres.
Cuando estuvieron en su presencia, una de ellas presentó así
su queja:

—Esta mujer y yo vivíamos en la misma casa, y yo di a luz
estando ella conmigo en casa. A los tres días de mi parto, también
esta mujer tuvo un hijo. Estábamos las dos solas. No había ninguna persona extraña en casa con nosotras; sólo estábamos nosotras dos.

Pero una noche murió el hijo de esta mujer, porque ella se
acostó encima de él. Entonces se levantó ella durante la noche,
mientras yo dormía, y quitó de mi lado a mi hijo y lo acostó con
ella, poniendo junto a mí a su hijo muerto.

Pero a la luz del día lo miré, y me di cuenta de que aquel no
era el hijo que yo había dado a luz. La otra mujer dijo:

—No, mi hijo es el vivo y el tuyo es el muerto.

Pero la primera mujer respondió:

—Mientes, el mío es el vivo.

29

Así estuvieron discutiendo delante del rey. Entonces el rey Salomón se puso a pensar: *la primera dice que su hijo es el que está vivo, y que el muerto es el de la otra. Pero la otra dice exactamente lo contrario.*

Luego ordenó a sus funcionarios:

–¡Tráiganme una espada!

Cuando le llevaron la espada, Salomón ordenó:

–Corten en dos al niño vivo, y denle una mitad a cada una.

Pero la primera mujer, la verdadera madre del niño vivo, se angustió profundamente por su hijo, y suplicó al rey:

–Por favor, señor mío, no mates al niño. Que le den a ella al niño vivo y que no lo partan.

Pero la otra dijo:

–No será ni para ti ni para mí, ¡que lo partan!

Entonces intervino el rey y ordenó:

–Entreguen a la primera mujer el niño vivo. No lo maten, porque ella es su verdadera madre.

Todo el pueblo de Israel se enteró de la sentencia con que el rey Salomón había resuelto el pleito, y sintieron respeto por él, porque vieron que Dios le había dado sabiduría para administrar la justicia. (1 Re 3, 16-28)

(Un canto relacionado con algún aspecto de esta historia)

SALOMÓN QUERÍA SABER LA VERDAD, POR ESO DIJO:

¡CORTEN EN DOS AL NIÑO VIVO, Y DENLE UNA MITAD A CADA UNA!

A VER QUÉ **SIENTE** CADA UNA...

1ª MUJER

¡NO!

2ª MUJER

ESTÁ BIEN. ¡NI TÚ NI YO!

PARA SABER LA VERDAD... NO HAY QUE FIJARNOS TANTO EN LO QUE **PENSAMOS** O EN LO QUE **DECIMOS**... ¡HAY QUE SABER LO QUE **REALMENTE SENTIMOS!**

SALOMÓN
SUPO LA VERDAD PORQUE:

- **ESCUCHÓ** LO QUE REALMENTE SINTIERON AQUELLAS MUJERES Y POR ESO...
- **COMPRENDIÓ** LA SITUACIÓN Y
- **ACTUÓ CON RECTITUD.**

PARA NO SER ENGAÑADOS POR LAS IDEAS DE OTROS ... HAY QUE ACOSTUMBRARNOS A **ESCUCHAR** LO QUE DE VERAS **SENTIMOS** EN LA VIDA...

PORQUE ES AHÍ DONDE SE OYE LA VOZ DE **DIOS VIVO**

Todos los días de esta semana vas a escribir brevemente CÓMO TE HAS SENTIDO.
-Para esto necesitarás unos 2 minutos diarios. Hazlo en la noche o temprano al día siguiente.
-Escribe 2 cosas: <u>EL ESTADO DE ÁNIMO</u> que *más* te impactó durante el día y <u>POR QUÉ</u> tuviste aquel estado de ánimo. (Sea por algo que te pasa a ti o por algo que sucede a otros).

En esta HORA SANTA hay una hoja para hacerlo.

UN EJEMPLO DE CÓMO HACERLO:

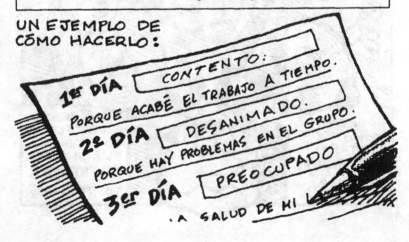

1er DÍA   CONTENTO:
PORQUE ACABÉ EL TRABAJO A TIEMPO.

2º DÍA   DESANIMADO.
PORQUE HAY PROBLEMAS EN EL GRUPO.

3er DÍA   PREOCUPADO
.A SALUD DE MI L

MEDITACIÓN

1) Lee despacio los siguientes proverbios. Escoge el proverbio que más te haya gustado. Después, reflexiona: ¿por qué te gustó?

ALGUNOS DE LOS DICHOS (PROVERBIOS) DEL REY SALOMÓN:

(TOMADOS DE LOS CAPÍTULOS 10-20 DEL LIBRO DE LOS PROVERBIOS EN LA BIBLIA)

El hijo sabio alegra a sus padres;
el hijo necio los hace sufrir. (10, 1)

El que nada debe, nada teme;
el que mal anda, mal acaba. (10, 9)

Si no hay buen gobierno, la nación fracasa;
el triunfo depende de los muchos consejeros. (11, 14)

El justo sabe que sus animales sienten,
pero el malvado no entiende de sentimientos. (12, 10)

El que trabaja, dominará;
el perezoso será dominado. (12, 24)

El imprudente cree todo lo que le dicen;
el prudente se fija por dónde anda. (14, 15)

De todo esfuerzo se saca provecho;
del mucho hablar, sólo miseria. (14, 23)

Al enfermo lo levanta su ánimo,
pero al ánimo decaído, ¿quién podrá levantarlo? (18, 14)

Cada uno comerá hasta el cansancio
del fruto de sus palabras. (18, 20)

El vino hace insolente al hombre;
las bebidas fuertes lo alborotan;
bajo sus efectos nadie actúa sabiamente. (20, 1)

Un amigo es siempre afectuoso,
y en tiempos de angustia es como un hermano. (17, 17)

2) *Reflexiones con preguntas:*

Ser sabio es escuchar, comprender y actuar rectamente...

Recuerda un momento en tu vida cuando *otro* no actúo
sabiamente *contigo* ¿qué te sucedió?
Recuerda otro momento cuando *tú* no actuaste sabiamente
en la vida *de otro* ¿qué le pasó?
¿Alguna vez te confundieron las ideas de otros?
¿Cómo fue? ¿cómo lograste aclarar la situación?
¿Estás ahora llevando tu vida con sabiduría? ¿sabes escu-
charte a ti mismo...? ¿a los demás...?
¿A Dios? *¿en qué lo notas?*

3) *Oración:* platica todo esto con el Señor... Y escucha
cómo te habla al corazón.

4) *Compartir la fe*: platicar todo acerca de sus reflexiones
y de los frutos de su oración.

SALMO 139

TÚ, SEÑOR, ME FORMASTE
EN EL VIENTRE DE MI MADRE

Señor, tú me has examinado y me conoces.
Tú conoces todas mis acciones;
aun de lejos te das cuenta de lo que pienso.
Sabes todas mis andanzas,
¡sabes todo lo que hago!
Aún no tengo la palabra en la lengua,
y tú, Señor, ya la conoces.
Por todos lados me has rodeado;
tienes puestas tu mano sobre mí.
Sabiduría tan admirable está fuera de mi alcance;
¡es tan alta que no alcanzo a comprenderla!

Señor, tú me has examinado y me conoces.
Tú conoces todas mis acciones.

Tú fuiste quien formó todo mi cuerpo;
tú me formaste en el vientre de mi madre.
Te alabo porque estoy maravillado,
porque es maravilloso lo que has hecho.
¡De ello estoy bien convencido!
No te fue oculto el desarrollo de mi cuerpo
mientras yo era formado en lo secreto,
mientras yo era formado
en lo más profundo de la tierra.
Tus ojos ya veían todas mis acciones;
todas ellas ya estaban escritas en tu libro.
Habías señalado los días de mi vida
cuando aún no existía ninguno de ellos.

TÚ, SEÑOR, ME FORMASTE EN EL VIENTRE DE MI MADRE

Me has examinado y me conoces tal como soy.
Desde siempre me has querido
y cada día me das de tu vida
¡porque, de verdad, me amas a mí!

PROVERBIOS 8

Yo, la sabiduría, habito con la inteligencia,
y sé hallar los mejores consejos.
Honrar al Señor es odiar el mal.
Yo odio el orgullo y la altanería,
el mal camino y la mentira.
En mí están el plan y su realización,
yo soy el buen juicio y la fuerza.

HALLARME A MÍ ES HALLAR LA VIDA

Y ganarse la buena voluntad del Señor;
pero apartarse de mí es poner la vida en peligro.
¡odiarme es amar la muerte!

Yo amo a los que me aman,
y los que me buscan, me encuentran.
Lo que yo doy es mejor que el oro más refinado;
lo que yo ofrezco es mejor que la plata más fina.
Yo voy por el camino recto,
por las sendas de la justicia.
A los que me aman les doy su parte:
lleno sus casas de tesoros.

HALLARME A MÍ ES HALLAR LA VIDA

Y ganarse la buena voluntad del Señor;
pero apartarse de mí es poner la vida en peligro.
¡Odiarme es amar la muerte!

El Señor me creó al principio de su obra.
Antes de que él comenzara a crearlo todo,
me formó en el principio del tiempo,
Allí, estaba yo, finalmente, a su lado.
Yo era su constante fuente de alegría,
y jugueteaba en su presencia a todas horas;
jugueteaba en el mundo creado,
¡me sentía feliz por el género humano!

HALLARME A MÍ ES HALLAR LA VIDA

Y ganarse la buena voluntad del Señor;
pero apartarse de mí es poner la vida en peligro.
¡odiarme es amar la muerte!

Y ahora, hijos míos, escúchenme;
sigan mi ejemplo y serán felices.
Atiendan a la instrucción;
no rechacen la sabiduría.
Feliz aquel que me escucha,
y que día tras día se mantiene vigilante
a las puertas de mi casa porque...

HALLARME A MÍ ES HALLAR LA VIDA

Y ganarse la buena voluntad del Señor;
pero apartarse de mí es poner la vida en peligro.
¡Odiarme es amar la muerte!

PETICIONES

Señor y Dios mío,
me has llamado para amar
y para servir a tu pueblo.
Ayúdame a amar sabiamente.
Por eso me uno a toda la iglesia
para hacerte estas peticiones:

Más que buscar ser escuchados,
ayúdanos a escuchar a los demás.
* *Te lo pedimos, Señor.*

Más que buscar ser comprendidos,
ayúdanos a comprender a los demás.
* *Te lo pedimos, Señor.*

Más que buscar recibir un trato justo,
ayúdanos a dar un trato justo a los demás.
* *Te lo pedimos, Señor.*

* (otras peticiones)

Escucha, Señor, todo lo que te hemos pedido,
y concédenos lo que nos ayudará
a responder mejor a tu llamado.
Por tu Hijo, Jesucristo.
Amén.

(Rezar juntos el *Padrenuestro*)

ORACIÓN A MARÍA

María, nuestra Madre,
sentimos tu presencia entre nosotros.
Tu cariño y tu ejemplo nos animan;
tu intercesión nos salva.

Escuchaste del ángel Gabriel
la noticia de tu prima Isabel.
Comprendiste que ella necesitaba de tu ayuda
sin que nadie te lo dijera.

Fuiste con prisa y con ganas de servirla;
actuaste con sabiduría y con amor.

Pide por mí para que en todo pueda yo amar y servir;
¡que el todopoderoso haga grandes cosas también en mí!

María, nuestra madre,
sentimos tu presencia entre nosotros.
Tu cariño y tu ejemplo nos animan;
tu intercesión nos salva.

(Rezar juntos el Avemaría)

ORACIÓN FINAL

(Un momento de silencio para pensar en una sola frase que capte lo que más te ha impactado durante esta "Hora Santa". Se comparten las frases)

Que el Señor nos bendiga,
que nos dé fuerzas para seguir su llamado
y que nos lleve a una vida plena
tal como nos lo había prometido
desde los tiempos de Abraham hasta ahora.
Amén.

(Un canto final)

Día 1 sabado

Contenta

Find€
semana
un día más de vida Y empesando semana.

Día 2 domingo

complicado

aunque sea domingo

Pero gracias a Dios con mucho trabajo

Día 3 Lunes

relajado y Feliz.

aunque
sea
estubo un poco mejor el día. semana

Día 4 Martes

Contenta.

Venir a grupo.
Porque ya mero es viernes pero para

Día 5 miercoles

un poco relajada.

es mitad de semana

Día 6 Jueves

Contenta.

aunque un poco estresada

Día 7 Viernes

Contenta

Porque es viernes para el grupo

**EL RESUMEN DE
MI SEMANA**

41

Hora Santa N° 3

En el nombre del Padre
y del Hijo
y del Espíritu Santo.
Amén.

Como ciervo sediento en busca de un río,
así, Dios mío, te busco a ti.

Señor, tú me has examinado y me conoces.
Y me das la vida porque me amas.

Gracias, Señor, por enviarme tu amor cada día.

Tú me formaste en el vientre de mi madre.
¡Te alabo porque estoy maravillado por tu modo de ser!

Gracias, Señor, por enviarme tu amor cada día.

Quiero hallar y hacer tu voluntad;
dame sabiduría para caminar a tu lado con pasos seguros.

Como ciervo sediento en busca de un río,
así. Dios mío, te busco a ti.

(Un canto de alabanza)

ORACIÓN INICIAL

Padre mío y Señor mío,
tú conoces bien todo lo que siento en mi corazón.

Sabes cuándo actúo libremente y cuándo no,
ayúdame a comprender tu voluntad con claridad
para que pueda hacerla con gusto
para bien mío y de todo tu pueblo.
Líbrame de los miedos y de todo lo que no me deje
ni vivir ni servir a los demás.
Te lo pido por tu Hijo, Jesucristo.
Amén.

INTRODUCCIÓN AL TEMA

Jesucristo dijo:

Yo he venido para que tengan vida, y para que la tengan en abundancia. (Jn 10, 10)

Con estas palabra el Señor nos dice que

"la tierra prometida"

que tanto buscamos comienza con

una mejor calidad de vida,

una vida que nos llena y nos satisface de verdad.

Sabemos que Dios vivo nos impulsa y nos acompaña en nuestro caminar hacia la vida. Pero, sabemos también que *luchar por la vida* es toda una aventura que rompe nuestra cómoda rutina y que nos lanza a lo desconocido. Aunque la esperanza de una vida mejor nos anima, lo desconocido siempre nos causa miedo y nos hace sentir inseguros.

Por su miedo Abraham tardó tiempo para poder salir de la casa de sus padres.

Por su miedo, por poco se quedaba sin buscar y encontrar *"la tierra nueva que tanto anhelaba".*

El cristiano que lucha por la vida tiene que enfrentarse sobre todo a *dos tipos de miedo:*

Uno es el miedo de fallar ante Dios. Teme equivocarse, fracasar o ser engañado. *Teme no hacer lo que Dios le pide.*

Otro es un miedo que tiene que ver con los demás. Teme ser criticado, rechazado o incluso perseguido por sus acciones. *Teme que no tendrá las fuerzas para hacer lo que Dios le pide.*
Salomón nos ha enseñado a escuchar nuestros sentimientos para no ser engañados por las ideas falsas y por las mentiras.

Ahora, otro personaje de la Biblia:
La joven Ester nos enseña a *comprender nuestros sentimientos* para poder actuar con rectitud y a la vez sobreponernos al miedo de los demás.

ESTER:
UNA HISTORIA QUE ILUMINA NUESTRO CAMINAR

Muchos años después del rey Salomón, el pueblo de Israel fue atacado y conquistado por el poderoso ejército de Babilonia. Muchos israelitas murieron y muchos otros fueron llevados como prisioneros y esclavos a lugares muy lejanos.

Con el tiempo, Babilonia también fue atacada y conquistada por otra nación aún mas poderosa, el imperio persa. Los nuevos conquistadores dejaron en libertad a todos los israelitas; unos regresaron a su tierra nativa, pero otros se quedaron porque habían logrado hacer una vida más o menos cómoda en su nuevo país. Ahora se llamaban *judíos* en vez de *israelitas*, pero seguían igualmente firmes en su fe y en sus costumbres religiosas.

Mardoqueo era uno de estos judíos que quiso quedarse. Tenía buen empleo; trabajaba en el palacio real. Tenía además una buena casa para él, su familia y una prima huérfana que había recogido. La prima se llamaba Ester, y era joven y muy bella.

Un día el rey persa –*Asuero*– dio una gran fiesta en honor de sus funcionarios y colaboradores del gobierno. En el último día de la fiesta, el rey tomó demasiado vino y se puso muy alegre. Mandó traer a la reina Vasti para que los grandes personajes pudieran admirar su belleza. La reina se negó a obedecer y el rey se puso furioso. Asuero se deshizo de Vasti.

En poco tiempo el rey decretó que iba a dar el título de reina a otra mujer más digna.

Esto causó gran expectación en todo el imperio y muchas jóvenes vírgenes y bellas fueron reunidas en el palacio bajo el cuidado de un guardián; entre ellas estaba Ester. Ella agradó mucho al guardián, el cual la sometió a un tratamiento de belleza y la preparó con sumo cuidado para presentarla ante el rey. Ester no dijo nada sobre su raza ni sobre su familia, pues Mardoqueo le había ordenado que no lo hiciera. Por lo tanto, nadie en el palacio sabía que era judía.

Cuando a Ester le tocó presentarse ante el rey, él se enamoró de ella y la nombró reina en lugar de Vasti. Luego dio un gran banquete en su honor, al que invitó a todos los funcionarios de su imperio. Pero, la vida en el palacio real resultó para Ester cómoda y difícil a la vez. Tenía todo lo que el dinero podría comprar, pero recibía un trato de esclava por parte de Asuero; no podía nunca presentarse ante su marido si él no la mandaba llamar primero.

Después de un tiempo, el rey Asuero elevó a uno de sus funcionarios –Amán– al cargo de jefe del imperio. Todos los que servían al rey en su palacio se ponían de rodillas e inclinaban la cabeza cuando Amán pasaba. Los únicos que no lo hacían eran Mardoqueo y los demás judíos porque eso iba en contra de su religión.

Al ver esto, el coraje y la envidia que siempre había sentido Amán contra los judíos se convertía en verdadero odio. Con el tiempo Amán convenció al rey que firmara un decreto que ordenaba la expulsión de todos los judíos del imperio y la confiscación de todos sus bienes. El decreto, que fue publicado en las ciudades de la nación, además ordenaba la matanza de los judíos que se hallaran en el país después de cierta fecha.

Cuando Mardoqueo supo de esto, se rasgó la ropa y empezó a recorrer la ciudad dando gritos. Así llegó hasta la entrada del palacio real. En toda la nación hubo gran aflicción entre los judíos.

Las criadas que estaban al servicio de la reina le platicaban del descontento en la ciudad y de los gritos de Mardoqueo. Al oír esto, Ester se angustió tremendamente y de inmediato mandó a un oficial de la guardia real para que fuera a ver a Mardoqueo y le preguntara qué era lo que sucedía.

Mardoqueo lo puso al tanto de la situación y le dio una copia del decreto para que la entregara a la reina. Por último escribió un recado para Ester pidiéndole que hablara personalmente con el rey para salvar al pueblo judío.

El oficial regresó y le contó a la reina todo lo que Mardoqueo le había dicho y le entregó el recado. Entonces Ester lo envió nuevamente con la siguiente respuesta a Mardoqueo:

Todos los funcionarios del rey y el pueblo en general saben que cualquiera, sea hombre o mujer, que entre sin haber sido llamado a los cuartos privados del rey, está por ley condenado a muerte, a no ser que el rey le tienda su bastón de oro perdonándole la vida. Y hace ya treinta días que el rey no me invita a visitarlo. No puedo hacer nada si antes el rey no me llama.

Cuando Mardoqueo recibió la respuesta de Ester, le envió a su vez otro mensaje:

No creas que tú, por estar en el palacio real, vas a ser la única judía que salve su vida. Si ahora callas y no dices nada, Dios hará que la liberación de su pueblo venga de otra parte, pero ¡entiéndelo bien! mientras tanto tus familiares moriremos. ¡Quizá tú has llegado a ser la reina precisamente para ayudarnos en esta situación!

Entonces Ester mandó a su tío su último recado:

Ve y reúne a todos los judíos de la ciudad para que oren por mí.

Luego se encerró en su cuarto; quería estar completamente sola. Necesitaba tiempo para pensar. Traía tantos *sentimientos en su corazón* que no podía ver nada con claridad. Por un lado *estaba afligida* por el futuro que le esperaba a su familia y los de su raza. Quería ayudarlos con todo su ser. Y sabía –siendo ella la reina– que era la *única judía* que estaba en una posición para convencer al rey que suprimiera el decreto en contra de su raza. *Todo dependía de ella.* Por otro lado, *sentía mucho miedo.* Conocía la ira del rey cuando alguien se atrevía a desobedecerlo. Sabía bien que

47

correría la misma suerte de la reina Vasti. Temblaba de miedo. Además, de repente, comenzó a *sentir coraje* en contra de su familia. Pensaba:

Siempre he soñado con llegar a ser alguien y, ahora que he logrado ser la mujer más importante del imperio, mi familia me exige que pierda todo –¡hasta mi propia vida!– con tal de ayudarlos.

Hasta *sentía coraje* contra Dios y contra su religión. Pensaba:

Si no fuera judía estaría libre de los problemas que ahora tengo; podría vivir en paz como cualquier otra mujer.

Ester sabía que pronto tenía que tomar una decisión. Y que esta decisión la tomaría ella misma; nadie decidiría por ella porque lo que estaba en juego era su *propia vida* y todo lo que era importante en la vida.

Se sentó junto a la ventana para poder así pensar tranquilamente. Primero pensó en *qué tipo de persona iba a ser* si se decidiera de un modo o de otro. Pensaba:

Si callo y no digo nada –por un lado– salvo mi vida y sigo como reina, pero –por otro lado– morirán mi familia y los demás judíos. Me sentiría culpable de su muerte para el resto de mi vida. Nunca podría vivir en paz conmigo misma. Este pensamiento la hizo sentir intranquila.

Después pensaba:

Si me atrevo a ver al rey sin su permiso, hago algo para salvar a mi pueblo, pero corre riesgo mi vida. A pesar de ello, me sentiría satisfecha al saber que hice todo lo que pude de mi parte para salvar a mi pueblo. Este pensamiento la hizo sentir en paz a pesar de todo el miedo que sentía.

Después pensó en *qué motivaba su decisión*. Descubrió que la decisión de callarse estaba motivada *por miedo*, mientras que la decisión de presentarse ante el rey estaba motivada *por amor* a su familia y a su pueblo.

Al descubrir esto, *todo quedó claro en la mente de Ester*. Ya sabía lo que Dios quería que hiciera. Dios sólo pide que actuemos por amor y sus deseos siempre nos llenan de una paz profunda.

Ester se levantó y dijo en voz alta:

—Iré a ver al rey, aunque eso vaya contra la ley. Y si me matan, ¡que me maten!

Enseguida invocó a Dios diciendo:

—Oh Señor, nuestro rey, tú eres el único rey y Señor de la vida. Ayúdame, pues estoy sola. No tengo otra ayuda sino la tuya ahora que mi vida está en peligro. Escucha la voz de tu pueblo desesperado y líbranos de las manos de los malvados. Y a mí, quítame el miedo que me paraliza y dame el valor que necesito.

La reina se vistió con un traje de gala. Luego salió acompañada de dos de sus damas: una iba junto a ella y la otra atrás, alzando la cola de su vestido para que no lo arrastrara. Ester se veía extraordinariamente hermosa. Su rostro sonrosado irradiaba ternura, pero su corazón se estremecía de miedo. Después de haber pasado por todas las puertas, se encontró en presencia del rey. En cuanto vio a Ester, el rostro de Asuero se cambió en terrible gesto de enojo. Al ver eso, la reina palideció y se desmayó. Muy asustado, el rey saltó de su asiento y la sostuvo en sus brazos hasta que se repuso. Luego levantó su bastón de oro y lo puso sobre el cuello de Ester y le preguntó con ternura:

—Dime, ¿qué deseas, Ester?

Ella le contestó:

—Si le parece bien a su majestad, le ruego que asista al banquete que he preparado hoy en su honor, y que traiga también a Amán.

Así los dos fueron al banquete que Ester había preparado. Mientras cenaban, el rey volvió a decirle a Ester:

—Dime, te ruego, ¿qué es lo que deseas para poder dártelo.

Ella contestó:

—*Mi petición es... Pero si de veras me estima, si realmente quiere el rey escuchar mi petición y concederme lo que yo deseo, le ruego que mañana vuelva a venir a cenar junto con Amán, y entonces le diré qué es lo que quiero.*

Amán salió del banquete muy alegre, pues se sentía feliz. Había gozado de la estima del rey y ahora ganaba el favor de la reina. Pero cuando vio a Mardoqueo en el patio del palacio real, se llenó de ira. Aquel mismo día mandó hacer una horca para colgar a Mardoqueo.

El rey y Amán volvieron al día siguiente a los cuartos de la reina. Mientras cenaban, dijo el rey a Ester:

—*Dime, reina Ester, ¿qué es lo que deseas para que te lo conceda?*

La reina entonces le dijo:

—*Si realmente me quieres, oh rey, perdóname la vida y la de mi pueblo. Eso es lo que quiero y te pido. Pues todos nosotros hemos sido condenados a ser destruidos por completo por el odio y la envidia de un hombre en quien su majestad ha puesto su confianza total. Este hombre es una deshonra para su majestad y para toda la nación.*

El rey la interrumpió:

—*¿Quién es el que se ha atrevido a hacer semejante cosa contra mi reina y contra mis deseos?*

Ester, indicando a Amán, respondió:

—*¡Ése es su enemigo!*

Al oír estas palabras, Amán quedó helado de terror. El rey se levantó furioso de la mesa y salió al jardín del palacio. Pero Amán, al ver la mala situación en que se encontraba, empezó a pedirle compasión a la reina. Cuando el rey volvió del jardín, Amán estaba inclinado sobre Ester, pidiéndole su ayuda. Gritó Asuero:

—*¿Acaso quieres también deshonrar a mi esposa en mi propia casa?*

Y ordenó a la guardia real que tomara preso a Amán. El jefe de la guardia le dijo al rey:

—*Amán ha mandado hacer una horca.*

Y el rey le ordenó:

—*¡Pues cuélguenlo en ella!*

Después se calmó la ira del rey. El mismo día Asuero suprimió el decreto en contra de los judíos y publicó otro nuevo en su favor.

Dios siempre actúa a favor de su pueblo cuando hay personas que se prestan a ser los instrumentos de su acción.
(Tomada del libro de Ester).

(Un canto relacionado con algún aspecto de esta historia).

UNA CATEQUESIS

LA REINA ESTER

NOS ACLARA MÁS LOS PASOS PARA HALLAR LA VOLUNTAD DE DIOS...

MIEDO DE PERDER HASTA LA VIDA...

GANAS DE AYUDAR A SU GENTE

1 HAY QUE **ESCUCHAR** TODOS LOS SENTIMIENTOS SIN RECHAZAR NI JUZGAR NINGUNO DE ELLOS...

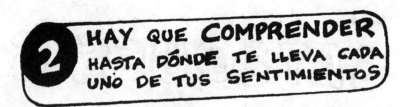

2 HAY QUE **COMPRENDER** HASTA DÓNDE TE LLEVA CADA UNO DE TUS SENTIMIENTOS

CUANDO ESTER SENTÍA **MIEDO**

PENSABA **ACTUAR** ASÍ ¡CALLARSE!

¿QUÉ IBA A GANAR?

¿QUÉ IBA A PERDER?

SALVAR SU VIDA Y SU **CORONA**

A LOS SUYOS

¿QUÉ TIPO DE PERSONA SERÍA EN EL FUTURO?

¿CÓMO SENTÍA EN LO HONDO DE SU CORAZÓN?

INTRANQUILA

PERO, MUCHAS VECES **NO** SEGUIMOS ESTOS PASOS... PORQUE OTROS YA NOS HAN ENSEÑADO **CON SUS IDEAS QUIÉN** ES DIOS Y **QUÉ** QUIERE DE NOSOTROS.

HACEMOS **MÁS** CASO A UNAS IDEAS QUE A LO QUE REALMENTE SENTIMOS.

¡HACEMOS **MÁS** CASO A UN "DIOS DE LAS IDEAS" QUE AL **DIOS VIVO!**

VE ESTOS EJEMPLOS

UNOS CREEN QUE DIOS ES COMO UN **POLICIA** ...

TE VE SIEMPRE. Y SI TE PORTAS MAL, **TE VA A CASTIGAR**

PARA "SALVARSE" DEL CASTIGO, PIENSAN QUE LA VOLUNTAD DE DIOS ES **CUMPLIR** CON TODOS LOS MANDAMIENTOS

...Y LO HACEN POR MIEDO

¡NO AMAN A DIOS!

SÓLO SE PREOCUPAN POR SU PROPIO **PELLEJO.**

OTROS DICEN QUE DIOS ES **MILAGRERO...**

TIENE PODER PARA HACER HASTA **LO IMPOSIBLE.**

NO LES INTERESA LA VOLUNTAD DE DIOS... HACEN PROMESAS PARA "COMPRARLE" UN FAVOR A DIOS... Y AL CONSEGUIRLO, **¡SE OLVIDAN DE DIOS!**

¡NO AMAN A DIOS!

SÓLO UTILIZAN A DIOS PARA RESOLVER **SUS PROBLEMAS.**

OTROS **"USAN A DIOS"** COMO SI FUERA **UNA DROGA...**

PARA HUIR DE SUS PROBLEMAS ... Y PARA **"SENTIRSE BIEN"** UN RATO.

DICEN QUE "SON DE DIOS" Y QUE HACEN LA VOLUNTAD DE DIOS... ORAN, CANTAN, LLORAN, GRITAN...

¡HACEN TODO MENOS ENFRENTAR LA VIDA - CON TODOS SUS PROBLEMAS - **Y HACER ALGO PARA MEJORARLA!**

HAN HECHO DE LA FE UN VICIO, Y SE DROGAN CON ELLA.

¡NO AMAN A DIOS!

LOS QUE AMAN A "UNA IDEA DE DIOS", SE ENGAÑAN A SÍ MISMOS... ¡Y **NUNCA** HACEN LA VOLUNTAD DE DIOS!

PARA HALLAR LA VOLUNTAD DEL **DIOS VIVO**... ¡HAY QUE ESCUCHAR LO QUE **ÉL** NOS DICE A TRAVÉS DE LA VIDA MISMA!

POR ESO, SIGUE LOS 3 PASOS DE **ESTER**:

1 ESCUCHAR LO QUE REALMENTE SIENTES.

2 COMPRENDER HASTA DÓNDE TE LLEVAN TUS SENTIMIENTOS.

3 ACTUAR CON RECTITUD (POR AMOR Y CON PAZ EN EL CORAZÓN)

Durante toda esta semana has puesto en práctica EL PRIMER PASO para hallar y hacer la voluntad de Dios: *escuchaste* cada día *lo que realmente sentías* y lo escribiste en la página indicada al final de la HORA SANTA No. 2.

Ahora vas a comenzar EL SEGUNDO PASO: *comprender* lo que escribiste.

1) Relee todo lo que escribiste durante la semana sobre tus ESTADOS DE ÁNIMO.

Ve cuál estado de ánimo aparecía más veces a lo largo de la semana. (Ojo: lo que se repite más... quiere decir que te está afectando más... y eso es *exactamente* lo que Dios quiere que veas). Después, escríbelo al final de la misma página en el cuadro donde dice: "EL RESUMEN DE LA SEMANA".

2) Relee todo otra vez... piensa un poco... hasta que veas más claro cuál fue LA CAUSA de tu estado de ánimo. Escríbelo también en el lugar indicado en la misma página.

3) Ve CÓMO ACTUASTE ante esta causa... y piensa en lo siguiente:

¿Qué ganaste?... ¿Qué perdiste?
¿Qué tipo de persona te estás haciendo por TUS acciones?
¿Cómo te sientes contigo mismo en lo hondo de tu corazón?
¿Qué te motivó a actuar así?

4) Si actuaste POR AMOR Y CON PAZ EN EL CORAZÓN... vas caminando por donde quiere Dios. Si no, busca la acción que le daría PAZ a TU corazón.

MEDITACIÓN

1) Un momento de silencio para pensar en los aspectos que más te impactaron de esta historia.

2) Reflexión con preguntas:

¿Alguna vez viviste una experiencia similar al dilema que tuvo que enfrentar Ester? ¿En qué terminó? ¿Actuaste bien? ¿Por qué lo dices?

¿Cuál aspecto de la historia de Ester te dio más luz para poder caminar ahora con más seguridad en tu búsqueda de la voluntad de Dios? ¿Por qué?

3) Oración: platica todo esto con el Señor... Y escucha cómo le habla al corazón.

4) Compartir la fe: platicar todos acerca de sus reflexiones y de los frutos de su oración.

SALMO 46

¡El SEÑOR TODOPODEROSO ESTÁ CON NOSOTROS! POR ESO NO TENEMOS MIEDO.

Dios es nuestro refugio y nuestra fuerza;
es nuestra ayuda en momentos de angustia.
Por eso no tendremos miedo,
aunque se deshaga la tierra,
aunque se hundan los montes en el fondo del mar,
aunque ruja el mar y se agiten sus olas,
aunque tiemblen los montes a causa de su furia.

¡El SEÑOR TODOPODEROSO ESTÁ CON NOSOTROS! POR ESO NO TENEMOS MIEDO.

DIOS ES NUESTRO REFUGIO Y NUESTRA FUERZA. POR ESO NO TENDREMOS MIEDO.

SALMO 121

EL SEÑOR TE PROTEGE EN TODOS TUS CAMINOS AHORA Y SIEMPRE.

Al contemplar las montañas me preguntó:
¿De dónde vendrá mi ayuda?

Mi ayuda vendrá del Señor,
creador del cielo y de la tierra.

¡Nunca permitirá que resbales!
¡Nunca se dormirá el que te cuida!
No, él nunca duerme.

El Señor es quien te cuida;
el Señor es quien te protege,
quien está junto a ti para ayudarte.

El Señor te protege de todo peligro;
él protege tu vida.
El Señor te protege en todos tus caminos,
ahora y siempre.

EL SEÑOR ES QUIEN TE CUIDA.
EL SEÑOR ESTÁ JUNTO A TI PARA AYUDARTE.
EL SEÑOR TE PROTEGE EN TODOS LOS CAMINOS
AHORA Y SIEMPRE.

PETICIONES

Señor de la vida y Señor mío,
quiero que seas tú
quien gobierne mi vida
para que en todo
pueda yo amar y servir.
Por eso me uno a toda la Iglesia
para hacerte estas peticiones:
Contágianos con tu amor.
* Te lo pedimos, Señor.

Ayúdanos a actuar siempre motivados por amor.
* Te lo pedimos, Señor.

Ayúdanos a actuar siempre con paz en el corazón.
* Te lo pedimos, Señor.

* (otras peticiones)

Escucha, Señor, todo lo que te hemos pedido
y concédenos lo que nos ayudará
a responder mejor a tu llamado.
Te lo pedimos por tu Hijo, Jesucristo.
Amén.

(Rezar juntos el *Padrenuestro*)

ORACIÓN A MARÍA

María, nuestra Madre,
sentimos tu presencia entre nosotros.
Tu cariño y tu ejemplo nos animan;
tu intercesión nos salva.

Cuando comprendiste
que el mensaje del ángel Gabriel
era la voluntad del Dios vivo,
tu Señor...

Con gozo contestaste:
Yo soy la esclava del Señor.
Que Dios haga conmigo
como me has dicho.

Por amor actuaste;
en paz estaba tu corazón.
Sólo así se hace la voluntad de Dios,
Nuestro Señor.

María nuestra Madre,
sentimos tu presencia entre nosotros.
Tu cariño y tu ejemplo nos animan;
Tu intercesión nos salva.

(Rezar juntos el *Avemaría*)

ORACIÓN FINAL

Un momento de silencio para pensar en *una sola frase* que capte lo que *más* te ha impactado durante esta "Hora Santa". Se comparten las frases.

Que el Señor nos bendiga,
que nos dé las fuerzas para seguir su llamado
y que nos lleve a una vida plena
tal como nos lo había prometido
desde los tiempos de Abraham hasta ahora.
Amén.

(Un canto final)

Día 1

Día 2

Día 3

Día 4

Día 5

Día 6

Día 7

**EL RESUMEN DE
MI SEMANA**

Hora Santa N° 4

En el nombre del Padre
y del Hijo
y del Espíritu Santo.
Amén.

Como ciervo sediento en busca de un río,
así, Dios mío, te busco a ti.

Tú, Señor, eres quien me cuida
y estás junto a mí para ayudarme.

Gracias, Señor, por enviarme tu amor cada día.

Me has llamado
para ser instrumento
de tu amor.

Ayúdame a actuar
por amor
y con paz en mi corazón.

Como ciervo sediento en busca de un río,
así, Dios mío, te busco a ti.

(Un canto de alabanza.)

ORACIÓN INICIAL

Padre,
ayúdame a descubrir tu voz
en todo lo que sucede en mi pueblo.
Desde ahí me hablas.
Y ahí te quiero escuchar
para que seas tú quien me oriente
a caminar junto con mis hermanos
hacia esta vida mejor que nos has prometido
desde Abraham hasta nuestros días.
Te lo pido por tu Hijo, Jesucristo.
Amén.

INTRODUCCIÓN AL TEMA

Abraham, Salomón y Ester tenían mucho en común:

—Se sentían *llamados* a hacer algo por su pueblo.

—Querían *saber con claridad* qué les tocaba hacer (buscaban la voluntad de Dios).

—Descubrieron qué hacer *fijándose en la realidad* que vivían junto con su pueblo.

DESCUBRIERON QUE EL DIOS VIVO LES HABLABA A ELLOS POR MEDIO DE LAS PEQUEÑAS Y GRANDES COSAS QUE LES SUCEDÍAN EN LA VIDA DE SU PUEBLO.

—Y, al actuar, Dios les ayudó a *mejorar la vida* tanto de su pueblo como de ellos mismos.

Pero, también, había cosas distintas entre ellos:
—Fueron *motivados por distintas necesidades*:

* Abraham quiso sobrevivir con su pueblo.

* Salomón quiso dirigir bien a su pueblo.

* Ester quiso liberar a su pueblo.

–y cada uno *actuó de un modo distinto*:

Abraham salió; Salomón se quedó y se calló; Ester no se calló.

Todos ellos hicieron la voluntad de Dios, pero cada uno hizo una acción totalmente distinta a los otros. Por lo tanto, para hacer la voluntad de Dios *no hay recetas* iguales para todos, *solo hay retos* reales para responder.

En la Biblia aparecen ciertos hombres –los profetas– quienes tenían una gran sensibilidad *para descubrir la voz de Dios en la vida de su pueblo*. Ellos iluminarán nuestro caminar porque también somos parte de un pueblo.

Y hoy día nosotros podemos ser igualmente sensibles a la voz de Dios así como fueron ellos porque –desde nuestro bautismo– el Espíritu de Jesús vivo nos transforma en verdaderos profetas para hallar y hacer la voluntad de su Padre Dios.

AMÓS:
UNA HISTORIA QUE ILUMINA NUESTRO CAMINAR

Amós nació unos 200 años después de Salomón y unos 200 años antes de Ester. En aquel tiempo la nación de Israel parecía ser rica y próspera con sus ciudades, sus casas lujosas, sus templos suntuosos, sus campos cultivados y su gran comercio. Todo ese progreso era en apariencia; la realidad era otra muy distinta. Casi toda la tierra y la riqueza se concentraba en los pocos latifundistas y ricos del país, mientras las masas populares vivían extorsionadas y en la miseria. El lujo excesivo de los adinerados insultaba a la mayoría que vivía en la pobreza. El gobierno y sus leyes protegían los intereses de los ricos y poderosos; no había justicia para los pobres.

En este ambiente nació Amós. Vivía en el pueblito de Tecoe y era pastor de ovejas. Era pobre y sin educación, pero se daba cuenta de lo que le pasaba a él y a su pueblo y, sobre todo, supo interpelarlo. Descubrió la voz de Dios. Y, en vez de quedarse callado como los demás, comenzó a salir a los otros poblados para platicar con la gente acerca del mensaje de Dios.

Les decía lo que Dios *no* quería de ellos:

Así dice Dios el Señor a los israelitas: ¡Ay de ustedes, que transforman las leyes en algo tan amargo como el ajenjo y tiran por el suelo la justicia! Ustedes odian al que defiende lo justo en el tribunal y aborrecen al que dice la verdad. Pues bien, ya que ustedes han pisoteado al pobre, exigiéndole una parte de su cosecha, no podrán vivir en esas casas de piedra que han construido, ni beberán el vino de los viñedos que han plantado.

Pues yo sé que son muchos sus crímenes y enormes sus pecados, opresores de la gente buena, que exigen dinero anticipado y hacen perder su juicio al pobre en los tribunales.

Por eso, el hombre prudente tiene que callarse, pues estamos pasando días infelices (Amós 5, 7. 10-13).

Y les decía lo que Dios *sí* quería de ellos:

Así dice el Señor: Busquen el bien y no el mal si quieren vivir. Así será verdad lo que ustedes dicen: que el Señor, el Dios todopoderoso, está con ustedes. ¡Aborrezcan el mal! ¡Amen el bien! Impongan la justicia en sus tribunales. Quizá entonces el Señor, el Dios todopoderoso, tendrá piedad de los sobrevivientes de Israel (Amós 5, 14-15).

Al ver con tristeza, por un lado, la superficialidad de la vida religiosa de gran parte del pueblo y, por otro lado, la hipocresía de muchos de los sacerdotes quienes querían complacer a los poderosos y así mantener su propia vida *cómoda en vez de buscar la voluntad de Dios*, Amós decía:

Así dice el Señor, el Dios todopoderoso: Odio y desprecio las fiestas religiosas que ustedes celebran; me disgustan sus reuniones solemnes. No quiero las ofrendas que dan en mi nombre; ni me llaman la atención los sacrificios que hacen para reconciliarse conmigo. ¡Alejen de mí el ruido de sus cantos! ¡No quiero oír la música de sus arpas! Lo que quiero es que la justicia fluya como agua y que la honradez crezca como un río inagotable (Amós 5, 21-24).

Amasías, sacerdote del templo de Betel, le mandó este recado a Jeroboam, rey de Israel: *Amós anda entre la gente de Israel; habla mal de la nación y eso es conspirar contra su majestad. No hay que permitirle que siga hablando.*

Luego Amasías fue a decirle a Amós: *¡Lárgate de aquí, profeta! Si quieres ganarte la vida profetizando, vete a otro país. Pero no profetices más aquí en Betel porque es un santuario del rey, un templo nacional.*

Amós le contestó: *Yo no soy profeta de paga. Me gano la vida cuidando ovejas y recogiendo higos silvestres. Pero el Señor me quitó de andar cuidando ovejas, y me dijo: Ve y habla a mi pueblo de Israel* (Amós 7, 10-15).

(Un canto relacionado con algún aspecto de esta historia.)

UNA CATEQUESIS AMÓS

① VIO LA REALIDAD DE <u>TODOS</u> ...
② ESCUCHÓ LOS INTERESES Y LAS NECESIDADES DE TODOS Y ...
③ SINTIÓ LO QUE LOS DEMÁS SENTÍAN ... POR ESO DIJO:

AMASÍAS

1. **VIO** SÓLO "SU MUNDO"... SE FIJÓ SÓLO EN "LO SUYO"

2. **ESCUCHÓ** SÓLO <u>SUS</u> INTERESES Y NECESIDADES...

3. **NUNCA SINTIÓ** LO QUE LOS DEMÁS REALMENTE SENTÍAN

... POR ESO DIJO:

EL BARRIO DE AMÓS

LAS TORRES DEL SANTUARIO DE BETEL

¡ESTAMOS BIEN!!

PARA PODER <u>ESCUCHAR</u> LA VOZ DE DIOS...
¡PRIMERO HAY QUE **VER** BIEN!

SEPARAR A DIOS DE TODOS LOS SUCESOS DE LA VIDA ... ES LA ENFERMEDAD ESPIRITUAL MÁS GRAVE DE TODOS LOS TIEMPOS.

LO QUE **MÁS** LE IMPORTABA A **AMASÍAS** ERA **SU** VIDA...

Y YA QUE **NO** ENCONTRÓ A DIOS EN SU VIDA, LO BUSCABA **MÁS LEJOS**

Y LE OFRECÍA SACRIFICIOS PARA CONSEGUIR SU FAVOR.

AMÓS DESCUBRIÓ QUE ERA CIERTO QUE DIOS VIVÍA Y QUE LE HABLABA POR MEDIO DE LAS COSAS DE LA VIDA...

Y COMENZABA A ESCUCHAR LA VOZ DE DIOS EN TODO ALREDEDOR DE ÉL.

73

POR UN LADO...
AMÓS COMENZABA
A INTERPRETAR LOS
HECHOS DE LA VIDA:

POR EL OTRO LADO,
AMASÍAS SÓLO
DEFENDÍA SU
ESTILO DE VIDA:

LO QUE DIOS QUIERE ES QUE SEAMOS **JUSTOS** Y **COMPASIVOS** UNOS CON OTROS. **NO** LE AGRADAN NUESTROS SACRIFICIOS SI NO PRACTICAMOS LA JUSTICIA AL MISMO TIEMPO

YO HAGO LO QUE DIOS QUIERE PORQUE **CUMPLO** CON SUS MANDAMIENTOS. ¡Y **NO** TE METAS CON MI VIDA PORQUE ESO ES _MI_ ASUNTO!

AHORA ¡LÁRGATE!

Y MIENTRAS QUE AMÓS HACÍA LA VOLUNTAD DE DIOS:

AMASÍAS BUSCABA CÓMO ACABAR CON ÉL...

DÍLE AL REY QUE AMÓS ESTÁ CONSPIRANDO CONTRA ÉL...

LOS QUE SE FIJAN SÓLO EN "LO SUYO"...
NUNCA SON COMPASIVOS CON TODOS LOS DEMÁS.

LA **VISIÓN PROFÉTICA** ES:

VER MÁS ALLÁ DE "LO MÍO"

SI **NO** TENEMOS UNA

VISIÓN PROFÉTICA

¡NUNCA OIREMOS LA VOZ DE DIOS!

¡¡ Y MENOS HAREMOS SU VOLUNTAD!!

75

MEDITACIÓN

1) Un momento en silencio para meditar sobre lo que *más* te gustó de la historia de Amós o de la catequesis. ¿Por qué te gustó?

2) Reflexión con preguntas:

—¿Realmente te das cuenta de lo que *sucede a los diversos sectores* que forman tu pueblo? ¿Por qué?

—A ver cómo anda tu visión: ¿Te interesa lo que *pasa a los demás?* ¿Sientes lo que *ellos sienten?* (la visión de Amós) o ¿Te interesa *sólo lo tuyo o sólo lo que te afecta a ti?* (la visión de Amasías).

Desengáñate: relee todo lo que habías escrito acerca de tus estados de ánimo durante estas últimas tres semanas, para ver *dónde realmente están tus intereses.* Así sabrás cuál es realmente tu visión.

—¿Quiénes influyeron a lo largo de tu vida para que tengas la visión que ahora tienes? ¿Cómo fue su influencia en ti? ¿Qué quisieras decirles ahora?

3) Oración: platica todo esto con el Señor... Y después escucha cómo te habla al corazón.

4) Compartir la fe: platicar todos acerca de sus reflexiones y de los frutos de su oración.

CAPÍTULO 5 DEL LIBRO DEL PROFETA JEREMÍAS

DIOS ESTÁ HABLANDO A SU PUEBLO.
TENEMOS OJOS, PERO NO LO VEMOS;
TENEMOS OÍDOS, PERO NO LO OÍMOS.

Oye esto, pueblo tonto,
que tiene ojos y no ve,
que tiene oídos y no oye.

Yo, el Señor, digo:
¿Es que ustedes no me temen?
¿Es que no tiemblan delante de mí?
Yo puse la playa como límite del mar,
un límite que el mar no puede pasar.
Sus olas se agitan impotentes y rugen,
pero no pueden pasarlo.
Pero ustedes tienen un corazón traidor y rebelde;
me abandonaron y se fueron.
No reflexionaron ni dijeron:
Respetemos al Señor nuestro Dios,
que a su debido tiempo nos da la lluvia
en otoño y primavera,
y nos concede el tiempo justo
para la cosecha.

DIOS ESTÁ HABLANDO A SU PUEBLO.
TENEMOS OJOS, PERO NO LO VEMOS;
TENEMOS OÍDOS, PERO NO LO OÍMOS.

Yo, el Señor, digo:
Sus crímenes y pecados cambiaron las cosas,
y ya no pueden disfrutar de todos estos bienes.
Porque en mi pueblo hay hombres malos
que colocan trampas como para atrapar pájaros,
pero cazan a otros hombres.
Llenan sus casas de objetos robados,
como se llenan de pájaros las jaulas.
Así se hicieron poderosos y ricos,
y están gordos y bien alimentados.
Su maldad no tiene límites:
no hacen justicia al huérfano
ni defienden la causa de los pobres.
¿No los he de castigar por estas cosas?
¿No he de dar su merecido a gente así?
Yo, el Señor, lo afirmo.

DIOS ESTÁ HABLANDO A SU PUEBLO.
TENEMOS OJOS, PERO NO LO VEMOS;
TENEMOS OÍDOS, PERO NO LO OÍMOS.

Yo, el Señor, digo:
Algo terrible, espantoso,
está pasando en este país.
Los profetas anuncian mentiras;
los sacerdotes gobiernan a su antojo,
¡y mi pueblo así lo quiere!
¡y mi pueblo así lo quiere!
¡y mi pueblo así lo quiere!

**DIOS ESTÁ HABLANDO A SU PUEBLO.
TENEMOS OJOS, PERO NO LO VEMOS;
TENEMOS OÍDOS, PERO NO LO OÍMOS.**

SALMO 40

**SEÑOR, ME HAS ABIERTO LOS OÍDOS.
POR ESO HE DICHO:** *AQUÍ ESTOY PARA HACER
TU VOLUNTAD.*

Puse mi esperanza en el Señor
y él se inclinó para escuchar mis gritos.
Me salvó de la fosa mortal,
me libró de hundirme en el pantano,
afirmó mis pies sobre una roca;
dio firmeza a mis pisadas.
Hizo brotar de mis labios un canto nuevo,
un canto de alabanza a nuestro Dios.
Muchos, al ver esto, se sintieron conmovidos
y pusieron su confianza en el Señor.
Feliz el hombre que confía en el Señor
y no busca a los insolentes.

**SEÑOR, ME HAS ABIERTO LOS OÍDOS.
POR ESO HE DICHO:** *AQUÍ ESTOY PARA HACER
TU VOLUNTAD.*

Señor y Dios mío,
¡cuántas maravillas has hecho para nosotros!
¡Nadie se compara a ti!
Quisiera hablar de todas tus obras,
pero son más de las que puedo contar.

Me hiciste saber que no te agradan
los sacrificios ni las ofrendas,
y que tampoco habías pedido
sacrificios para borrar el pecado.
En cambio, me has abierto los oídos.
Por eso he dicho: Aquí estoy,
tal como el libro dice de mí.
A mí me agrada hacer tu voluntad, Dios mío.
¡Llevo tu enseñanza en el corazón!

**SEÑOR, ME HAS ABIERTO LOS OÍDOS.
POR ESO HE DICHO:** *AQUÍ ESTOY PARA HACER
TU VOLUNTAD.*

PETICIONES

Señor,
nos has dicho por medio de tus profetas,
que lo que *tú* quieres es que la justicia fluya como agua
y que la honradez crezca como un río inagotable.
Por eso, me uno a toda la Iglesia
para hacerte estas peticiones:

(Guardar un momento de silencio para pensar en las distintas
peticiones. Al terminar cada petición, contestar todos: Ayuda a tu
pueblo, Señor.)

¿Qué quieres pedirle a Dios para tu país y para todo el
mundo?

¿Qué quieres pedirle para tu estado y especialmente para tu
poblado?

¿Qué quieres pedirle para la Iglesia de donde tú vives?

¿Qué quieres pedirle para ti y tu familia ante los retos de tu
poblado y de tu Iglesia?

(otras peticiones)

79

Escucha, Señor, todo lo que te hemos pedido,
y concédenos lo que nos ayudará
a responder mejor a tu llamado.
Te lo pedimos por tu Hijo, Jesucristo.
Amén.

(Rezar juntos el *Padrenuestro*)

ORACIÓN A MARÍA

María, nuestra Madre,
sentimos tu presencia entre nosotros.
Tu cariño y tu ejemplo nos animan;
tu intercesión nos salva.

Tú también, María, eres profeta.
Escuchaste la voz de Dios en tu pueblo
y supiste interpretar los hechos de tu vida.
Por eso exclamaste:
Dios tiene siempre misericordia
de quienes lo reverencian.
Actuó con todo su poder,
deshizo los planes de los orgullosos,
derribó a los reyes de sus tronos
y puso en alto a los humildes.
Llenó de bienes a los hambrientos
y despidió a los ricos con las manos vacías.
Ayudó al pueblo de Israel, su siervo,
y no se olvidó de tratarlo con misericordia.
Así lo había prometido a nuestros antepasados,
a Abraham y a sus futuros descendientes.

Ayúdanos, María, a ser profetas también.
Ayúdanos a escuchar la voz de Dios en nuestro pueblo.
Ayúdanos a interpretar los hechos de nuestra vida
para hallar y hacer la voluntad de Dios.

María, nuestra Madre,
sentimos tu presencia entre nosotros.
Tu cariño y tu ejemplo nos anima;
tu intercesión nos salva.

(Rezar juntos el *Avemaría*)

ORACIÓN FINAL

Un momento de silencio para pensar en una sola frase que capte lo que *más* te ha impactado durante esta "Hora Santa". Se comparten las frases.

Que el Señor nos bendiga,
que nos dé fuerzas para seguir su llamado
y que nos lleve a una vida plena
tal como nos lo había prometido
desde los tiempos de Abraham hasta ahora.
Amén.

(Un canto final)

Día   1

Día   2

Día   3

Día   4

Día   5

Día   6

Día   7

**EL RESUMEN DE
MI SEMANA**

Hora Santa N° 5

En el nombre del Padre
y del Hijo
y del Espíritu Santo.
Amén.

Como ciervo sediento en busca de un río,
así, Dios mío, te busco a ti.

Tú, Señor, eres el manantial de toda vida;
estás actuando en todos los aspectos de mi realidad;
me hablas a través de los hechos de la vida,
en todo lo que sucede a mi pueblo y también a mí.

Gracias, Señor, por enviarme tu amor cada día.

Tengo ojos, pero a veces no te veo.
Tengo oídos, pero a veces no te oigo.
Ábreme los oídos, Señor,
para que pueda yo también decir:
Aquí estoy para hacer tu voluntad.

Como ciervo sediento en busca de un río,
así, Dios mío, te busco a ti.

(Un canto de alabanza.)

ORACIÓN INICIAL

Padre bueno,
tu espíritu me ha tomado de la mano
y me hace crear tu reino junto contigo.
Ayúdame, Padre, a reconocer
la voz de tu Espíritu en mi vida
para que podamos hacer juntos tu voluntad.
Te lo pido por tu Hijo, Jesucristo.
Amén.

INTRODUCCIÓN AL TEMA

El profeta Amós nos ha enseñado que Dios nos habla en las pequeñas y en las grandes cosas que suceden en la vida de nuestro pueblo.

Pero Dios no solamente nos habla, sino que también nos acompaña personalmente durante todo nuestro caminar hacia esta "tierra prometida" que tanto anhelamos.

El Espíritu de Dios nos penetra y nos impregna.

Y Dios, con toda su fuerza, nos está continuamente creando, liberando y recreando hasta que vivamos plenamente con él.

Pero hay también en nosotros –y en nuestro pueblo– otras fuerzas que son destructivas. Y ellas nos confunden y nos desaniman en nuestro caminar. Todos hemos sentido estas fuerzas.

Por eso es necesario *discernir* –esto es, *distinguir con claridad*– estas fuerzas que tratan de dar dirección a nuestra vida. Si la fuerza es de Dios, nos reavivará; si no lo es, nos destruirá.

El discernimiento espiritual *es simplemente* estar atento *a la vida del Espíritu en nosotros para así poder hallar y hacer la voluntad de Dios.*

Ahora, vamos a ver a otro profeta de la Biblia. Su vida nos ofrece unas "pistas" –o reglas– que nos ayudarán grandemente en nuestro discernimiento espiritual.

ELÍAS:
UNA HISTORIA QUE ILUMINA NUESTRO CAMINAR

[Elías fue el primero de los grandes profetas en la Biblia. Vivió unos 100 años antes de Amós. Su historia es larga y en ella se cuentan muchos detalles. Para ser más breve, ahora se narrarán sólo unos momentos en su vida –de un modo salteado– para comprender mejor a este personaje y el mundo en que vivía. (Si quieres leer toda su historia, puedes encontrarla en 1 Reyes 17, 1-19, 21 y 2 Reyes 1, 1-2, 11).]

En aquel tiempo Acab era el rey de Israel. Era un hombre creyente, pero débil. Se había casado con Jezabel, la hija del rey de otro país. Ella era una mujer altanera y mimada; estaba acostumbrada a salirse con la suya. Se sentía superior a los israelitas y, por eso, despreciaba su religión y sus costumbres Es más, trató de imponerle a la fuerza su propia religión –la del "dios Baal"– a toda la nación de Israel. No era popular, pero la gente no le decía nada porque le tenía mucho miedo.

Junto al palacio de Acab, un hombre llamado Nabot tenía una huerta. Un día Acab le dijo a Nabot:

–*Dame tu huerta porque yo la quiero. En cambio te daré otra huerta o te pagaré su valor en dinero.*

Pero Nabot no quiso porque era la herencia de sus padres. El rey regresó a su palacio triste y enojado por la respuesta de Nabot. Se acostó con la cara hacia la pared y no quiso comer. Entonces Jezabel se acercó a él y le preguntó:

¿Por qué estás tan triste y no quieres comer?

Cuando Acab le contó, ella le respondió indignada:

–*¡Pero tú eres quien manda en Israel! ¡Los demás tienen que obedecer!*

Jezabel se fue molesta por la debilidad de su marido y empezó a pensar en cómo quitarle la huerta a Nabot. Llegó a la conclusión que la manera más rápida y segura era mandarlo matar. Al pensar en esto, *se sentía intranquila* porque sabía que estaba actuando mal. Pero se quitó rápidamente este sentimiento de su mente, diciéndose:

—*Mi marido es el rey y nadie tiene derecho a oponerse a lo que él quiera. ¡Que aprenda este pueblo lo que le sucederá si se atreve a oponerse a mí o a mi marido!*

En seguida escribió unas cartas en nombre de Acab para los ancianos y los jefes de la ciudad. En las cartas les decía: "*ordenen un ayuno y sienten a Nabot delante del pueblo. Consíganse a dos testigos falsos y háganlos declarar en contra de Nabot, afirmando que él ha maldecido a Dios y al rey. Después, sáquenlo de la ciudad y mátenlo a pedradas*".

Jezabel iba a enseñarle a Acab las cartas para que les pusiera el sello real. Pero luego pensó:

—*Si le enseño las cartas, a lo mejor no va a estar de acuerdo y me va a prohibir mandarlas.*

Entonces ella misma les puso el sello del rey y se las mandó. Llegó otra vez donde estaba su marido y le dijo:

—*Levántate, come y tranquilízate. ¡Yo voy a conseguirte la huerta de Nabot!*

Los ancianos y los jefes de la ciudad hicieron lo que Jezabel les había ordenado. Luego mandaron decirle: "*Nabot fue apedreado y murió*".

En cuanto ella lo supo, le dijo a Acab:

—*Ve y toma posesión de la huerta de Nabot, el que no te la quiso vender, pues ya no vive; ahora está muerto.*

Apenas escuchó Acab que Nabot había muerto, se levantó y bajó a la huerta para tomar posesión de ella.

Después el profeta Elías se presentó ante el rey y le dijo:

—*El Señor, el Dios todopoderoso, te ha puesto como rey para servir a su pueblo con sabiduría. Pero tú te has burlado de la justicia y de la rectitud sólo para engrandecerte y hacer tus caprichos. Pues bien, escucha la voz del Señor: "Puesto que mataste para adueñarte de la herencia de los pobres, ya no eres digno de servir al pueblo. Tú también morirás y la herencia que pensabas dar a tus hijos les será quitada. Yo mismo les entregaré el país a otros hombres más dignos para gobernarlo. Y, en cuanto a tu esposa Jezabel, los perros se la comerán".*

Jezabel no pudo tolerar a Elías ni a los demás profetas de los israelitas; se puso furiosa y los mandó matar. Sólo Elías escapó con vida y tuvo que esconderse. El rey Acab, aunque era creyente en el Dios verdadero, era un hombre débil y se dejaba influenciar por su mujer. También dejó que Jezabel destruyera los altares israelitas para construir en su lugar altares en honor a Baal.

La situación empeoró de tal modo que Elías se atrevió a presentarse ante Acab a solas. El rey, al verlo, le dijo:

—*¿Así que tú eres el que está trastornando a todo el país?*

Contestó Elías:

—*Yo no lo estoy trastornando, sino tú y tu familia, que han abandonado los mandamientos del Señor para servir a Baal. Ahora bien, manda que se reúnan conmigo en el monte Carmelo tanto los israelitas como los 450 profetas de Baal, a quienes Jezabel mantiene.*

Así lo hizo Acab. Entonces Elías, acercándose a todo el pueblo, dijo:

—*¿Hasta cuándo van a continuar ustedes con este doble juego? Si el Señor es el verdadero Dios, síganlo a él; y si Baal lo es, a él deberían seguir.*

El pueblo quedó callado. Entonces Elías les dijo:

—*Yo soy el único profeta del Señor que ha quedado con vida, en tanto que de Baal hay 450 profetas. Pues bien, que se nos den dos becerros, y que ellos escojan uno, y lo descuarticen y lo pongan sobre la leña, pero que no le prendan fuego. Yo, por mi parte, prepararé el otro becerro y lo pondré sobre la leña, pero tampoco le prenderé fuego. Luego ustedes invocarán a sus dioses y yo invocaré al Señor. Y el Dios que responda enviando fuego, ¡ése es el Dios verdadero!*

Todo el pueblo respondió:

—*Está bien.*

Así lo hicieron. Primero los profetas de Baal bailaron alrededor del altar donde habían puesto la leña y el becerro descuartizado; cantaban y gritaban cada vez más fuerte:

—*¡Contéstanos, Baal!*

Pero no hubo ninguna respuesta. Entonces Elías dijo a toda la gente:

—*Acérquense a mí*

Toda la gente se acercó alrededor del altar que había preparado el profeta del Señor. En seguida Elías ofreció su sacrificio a Dios y exclamó en voz alta:

—*Señor, Dios de Abraham, Isaac e Israel, haz que hoy se sepa que tú eres el Dios verdadero y que yo soy tu servidor y que por orden tuya he hecho todas estas cosas. Respóndeme, Señor, para que tu pueblo vuelva a tener fe en ti de nuevo.*

En aquel momento el fuego del Señor cayó del cielo y quemó el becerro, la leña y hasta las piedras del altar.

Al ver esto, toda la gente se inclinó hasta tocar el suelo con la frente, y dijo de una sola voz:

—*¡El Señor es Dios, el Señor es Dios!*

Los israelitas atraparon a los profetas de Baal y los mataron. Luego todo el pueblo le dijo a Elías:

—*Ahora sabemos que el Señor es el Dios verdadero. De aquí en adelante seremos fieles sólo a él; daremos nuestra vida por defender la causa del Señor.*

Al terminar el día, Elías bajó del monte Carmelo lleno de paz y de alegría.

Cuando Jezabel supo todo lo que había pasado, se estremeció de coraje y desató una persecución contra Elías y contra todo el pueblo creyente. El Pueblo temía por su propia vida y se le olvidó la promesa que había hecho en el monte Carmelo; muchos regresaron a dar culto a Baal para salvar sus vidas. Nadie se atrevió a oponerse a la ira de Jezabel.

Entonces ella mandó un mensajero a Elías quien le dijo: *"¡Si tú eres Elías, yo soy Jezabel! ¡Y que los dioses me castiguen duramente si mañana a esta hora no he hecho contigo lo mismo que tú hiciste con mis profetas!"*.

Elías huyó para salvar su vida; cada día se alejaba más de su país, hasta que se encontró solo en el desierto, sin agua y sin comida. Se sentó bajo un árbol y la tristeza le invadió. Ya no quería nada con ese pueblo infiel que había abandonado a Dios y también a él. Ya no quería ser profeta. Ahí mismo deseó la muerte y dijo:

–*¡Ya basta, Señor! Toma mi vida, pues yo voy a morir como mis padres.*

Después se acostó y se quedó dormido. Al despertarse, sentía nuevas fuerzas y dijo:

–*Tengo que seguir. Soy el único profeta de Dios que queda con vida. Tengo que animar al pueblo en estos tiempos difíciles.*

Se levantó y empezó a caminar de nuevo. Encontró agua y un poco de comida. Con eso tuvo fuerza para llegar hasta el monte Horeb y allí paso la noche en una cueva.

De repente, el Señor le dijo:

–*Sal fuera y quédate de pie ante mí cuando veas que yo pase delante de ti.*

En aquel instante pasó un viento tan fuerte y violento que hasta desgajó la montaña y partió las rocas; pero el Señor no estaba en el viento. Después del viento hubo un terremoto; pero el Señor no estaba en el terremoto. Y tras el terremoto brilló un rayo; pero tampoco estaba el Señor en el rayo. Pero después del rayo se sintió el murmullo de una suave brisa. Al escucharlo, Elías se cubrió la cara con su capa, y salió y se quedó de pie a la entrada de la cueva, esperando al Señor.

Fue entonces cuando el Señor le dijo:

—*¿Qué haces aquí, Elías?*

Y él le contestó:

—*Quiero servirte a ti, mi Señor y Dios todopoderoso, ahora más que nunca porque tu pueblo te ha abandonado; están destruidos tus altares y están muertos tus profetas. Sólo quedo yo, y me andan buscando para matarme.*

Entonces el Señor le dijo:

—*Vuelve a mi pueblo y anímale de nuevo a tener fe en mí, su Dios.*

Elías regresó lleno de una gran paz porque sabía que estaba haciendo lo que Dios le había pedido. Y sabía que Dios iba a acompañarlo y a darle las fuerzas para hacer lo que tenía que hacer.

Cuando el pueblo de Israel vio que Elías estaba otra vez presente entre ellos, se reanimó muchísimo. Y, al poco tiempo, cuando murió el rey Acab en una batalla, los israelitas escogieron a unos dirigentes honrados para gobernar a su pueblo con justicia. Y, en cuando a Jezabel, los mismos empleados del palacio real la tiraron por la ventana del segundo piso; ahí se murió y los perros comieron su cadáver tal como Elías había dicho.

(un canto relacionado con algún aspecto de esta historia)

UNA CATEQUESIS

LA VIDA DE **ELÍAS** NOS DA UNAS **REGLAS** PARA QUE PODAMOS HACER MÁS FÁCIL NUESTRO DISCERNIMIENTO ESPIRITUAL:

REGLA #1 CUANDO **ANDAS MAL...** (O BUSCAS ALGO QUE SABES QUE NO ESTÁ BIEN) EL ESPÍRITU DE DIOS TE HARÁ SENTIR **INTRANQUILO** (TE REMORDERÁ LA CONCIENCIA)

JEZABEL PENSÓ:

UMM... ¿CÓMO LE QUITARÉ LA HUERTA A NABOT?

¡FÁCIL! ¡QUE LO MATEN!

NO, NO... ESO NO ESTÁ BIEN

PERO... LAS FUERZAS DESTRUCTIVAS EN TI TE ANIMARÁN A ACTUAR **MAL...**

¡QUE MUERA! ¡QUE EL PUEBLO APRENDA A OBEDECER!

... Y JEZABEL MANDÓ MATAR A NABOT.

REGLA #2 CUANDO **ANDAS BIEN...**

(BUSCANDO SINCERAMENTE EL BIEN)

EL ESPÍRITU DE DIOS TE DARÁ

ÁNIMO, FUERZA Y PAZ

EN EL MONTE HOREB PASÓ UN HURACÁN

DESPUÉS HUBO UN TERREMOTO

LUEGO BRILLÓ UN RAYO

DESPUÉS ELÍAS SINTIÓ UNA BRISA SUAVE

PERO DIOS **NO** ESTABA ALLÍ

PERO DIOS **NO** ESTABA ALLÍ

PERO TAMPOCO ESTABA DIOS

EN AQUELLA PAZ ESTABA DIOS

Y DIOS LE DIJO: VUELVE A MI PUEBLO Y ANÍMALO A TENER FE EN MÍ

PERO... LAS FUERZAS DESTRUCTIVAS TE HARÁN **DUDAR** Y TE **DESANIMARÁN:**

¿PODRÉ YO ANIMAR A MI PUEBLO ???

PERO ELÍAS LE HIZO CASO A DIOS...

... Y REGRESÓ LLENO DE **PAZ** PORQUE SABÍA QUE ESTABA HACIENDO LA VOLUNTAD DE DIOS

REGLA *3 CUANDO TE SIENTAS

DESANIMADO...

(1) NO HAGAS **NINGÚN CAMBIO** FUERTE EN TU VIDA

(2) SIGUE **FIRME** EN TUS PROPÓSITOS (AUNQUE TE CUESTE) Y

(3) PIENSA EN QUE PRONTO EL ESPÍRITU TE DARÁ EL ÁNIMO PARA SEGUIR ADELANTE

... TEN POR SEGURO QUE

LAS FUERZAS DESTRUCTIVAS

(1) TE INVADIRÁN CON **TRISTEZA** Y QUE ...

(2) TE DARÁN GANAS DE "DEJAR TODO" (INCLUYENDO TU PROPIA VIDA)

REGLA * 5   NO GUARDES
EN SECRETO

TUS GRANDES ÁNIMOS Y DESÁNIMOS...

PLATÍCASELOS A QUIENES TE CONOCEN
Y TE QUIEREN. SUS CONSEJOS TE
AYUDARÁN A HALLAR LA VOLUNTAD DE DIOS.

SI **NO** LO HACES...
TE ENGAÑAS A TI MISMO Y FÁCILMENTE
PUEDES DESTRUIR TU VIDA O LA VIDA DE OTROS:

EL NECIO CREE QUE TODO LO QUE HACE
ESTÁ BIEN,
PERO EL SABIO ATIENDE LOS CONSEJOS.
(PROVERBIOS 15)

REGLA * 6
¡OJO CON TUS PUNTOS FLACOS!
DE AHÍ SOBRE TODO VIENEN TUS DESÁNIMOS...
(Y DIFÍCILMENTE HARÁS LA VOLUNTAD DE DIOS.)

EL REY ACAB, AUNQUE ERA CREYENTE, ERA UN HOMBRE DÉBIL Y SE DEJABA DOMINAR POR SU MUJER...

¡QUIERO QUE MATES A TODOS LOS PROFETAS!

MI VIDA, ¡NO SE PUEDE! ¿QUÉ VA A PENSAR EL PUEBLO?

¡¿QUIÉN MANDA: TÚ O EL PUEBLO?!! ¡QUÉ POCO HOMBRE ERES! ¡ME DAS LÁSTIMA!

PERO, MI VIDA...

¡YA BASTA! ¡ME VOY!

ESTÁ BIEN... ESTÁ BIEN... NO TE ENOJES. HARÉ LO QUE TÚ QUIERES, PERO NO ME DEJES.

MIENTRAS QUE EL ESPÍRITU DE DIOS TE ANIMA A SEGUIR ADELANTE...

LAS FUERZAS DESTRUCTIVAS "SE SALEN CON LA SUYA"... ¡Y TE ACABAN A TI Y TAMBIÉN A LOS DEMÁS!

MÉTODO DE DISCERNIMIENTO ESPIRITUAL PARA HALLAR Y HACER LA VOLUNTAD DE DIOS

① **VER** LA REALIDAD CON VISIÓN PROFÉTICA

 VER MÁS ALLÁ DE *"Lo Mío"*

② **ESCUCHAR** LO QUE REALMENTE SIENTES ANTE LOS HECHOS DE LA VIDA.

③ **COMPRENDER** HASTA DÓNDE TE LLEVAN TUS SENTIMIENTOS.

④ **DISCERNIR** POR DÓNDE TE QUIERE LLEVAR EL ESPÍRITU DE DIOS.

⑤ **ACTUAR** JUNTO CON EL ESPÍRITU. (POR **AMOR** Y CON **PAZ** EN EL CORAZÓN)

MEDITACIÓN Y DISCERNIMIENTO ESPIRITUAL

1) Un momento en silencio para meditar sobre lo que *más* te gustó de la historia de Elías o de la catequesis. ¿Por qué te gustó?

2) Reflexión con ejemplos:

–Para *cada una* de las 6 reglas piensa en *un ejemplo* de tu propia vida.

–¿Qué sientes al descubrir el Espíritu de Dios actuando vivamente en ti?

3) Discernimiento espiritual

Al escribir diario tu *estado de ánimo* durante los últimos 7 días ya has hecho los 2 primeros pasos de tu discernimiento: *ver y escuchar.*
Al escribir también por qué tuviste tal estado de ánimo, ya adelantaste algo del tercer paso: *comprender.*

Ahora:

– 1– Relee todo lo que escribiste sobre tus estados de ánimo durante la semana pasada.

–2– Escoge el estado de ánimo que más se ha repetido (o que te sigue impactando más)… *¡Ahí es donde Dios vivo te está hablando ahora a ti!*

–3– Haz los pasos 3 y 4: *comprender* (aún más) y *discernir* (usando las 6 reglas).

Nota: al *actuar*, vas a experimentar nuevos estados de ánimo. Cuando termines la semana y hagas de nuevo tu discernimiento, entonces vas a poder aclarar si tu acción –de verdad– fue lo que Dios te estaba pidiendo o no.

4) *Oración*: platica todo esto con el Señor… Y escucha cómo te habla al corazón.

5) *Compartir la fe*: platicar todos acerca de sus reflexiones y de los frutos de su oración.

SALMO 143

**HACIA TI, SEÑOR, TIENDO LAS MANOS,
SEDIENTO DE TI, COMO TIERRA RESECA.**

Señor, escucha mi oración;
pon atención a mi súplica.
¡Respóndeme, pues tú eres justo y fiel!
No llames a cuentas a tu siervo,
porque ante ti nadie es inocente.

Mis enemigos me persiguen.
Me han aplastado contra el suelo;
me obligan a vivir en la oscuridad,
como los que han muerto hace tiempo.
Me encuentro totalmente deprimido;
turbado tengo el corazón.
Hacia ti, Señor, tiendo las manos,
sediento de ti, como tierra reseca.

POR TU NOMBRE, SEÑOR, ¡HAZME VIVIR!

Enséñame a hacer tu voluntad,
Porque tú eres mi Dios.
¡Que tu buen espíritu me lleve
por el camino recto!

Señor, ¡respóndeme pronto,
pues ya se me acaba el aliento!
No me niegues tu ayuda,
porque entonces seré como los muertos.

Por la mañana hazme saber de tu amor,
porque en ti he puesto mi confianza.
Hazme saber cuál debe ser mi conducta,
porque a ti dirijo mis anhelos.
Líbrame, Señor, de mis enemigos,
porque en ti busco refugio.

Enséñame a hacer tu voluntad,
porque tú eres mi Dios.

¡Que tu buen espíritu me lleve
por un camino recto!

POR TU NOMBRE, SEÑOR, ¡HAZME VIVIR!

PETICIONES

Dios vivo,
ayúdame a ser dócil a tu Espíritu,
que has infundido en mí,
para así responder con amor
a todo el amor que tú me das.
Por eso me uno a toda la Iglesia
para hacerte estas peticiones:

Ayúdanos a enfrentar nuestra realidad.
* *Guíanos por tu Espíritu*

Ayúdanos a luchar contra todo lo que nos pueda destruir.
* *Guíanos por tu Espíritu*

Confírmanos con tu paz cada vez que hagamos tu voluntad.
* *Guíanos por tu Espíritu*

* (otras peticiones)

Escucha, Señor, todo lo que te hemos pedido,
y concédenos lo que nos ayudará
a responder mejor a tu llamado.
Te lo pedimos por tu Hijo, Jesucristo.
Amén.

(Rezar juntos el *Padrenuestro*)

ORACIÓN A MARÍA

María, nuestra Madre,
sentimos tu presencia entre nosotros.
Tu cariño y tu ejemplo nos animan;
tu intercesión nos salva.

Cuando comprendiste
que el mensaje del ángel Gabriel
era la voluntad de Dios vivo,
tu Señor...

Con gusto contestaste:

Yo soy la esclava del Señor.
que Dios haga conmigo
como me has dicho.

Por amor actuaste;
en paz estaba tu corazón.
Solo así se hace la voluntad de Dios,
nuestro Señor.

María, nuestra Madre,
sentimos tu presencia entre nosotros.
Tu cariño y tu ejemplo nos animan;
tu intercesión nos salva.

(Rezar juntos el *Avemaría*)

ORACIÓN FINAL

(Un momento de silencio para pensar en *una sola frase* que capte
lo que *más* te ha impactado durante esta "Hora Santa". Se comparten las frases.)

Que el Señor nos bendiga,
que nos dé fuerzas para seguir su llamado
y que nos lleve a una vida plena
tal como nos lo había prometido
desde los tiempos de Abraham hasta ahora.
Amén.

(Un canto final)

Día 1

Día 2

Día 3

Día 4

Día 5

Día 6

Día 7

**EL RESUMEN DE
MI SEMANA**

EL RESUMEN DE TODO UN MES

> Ya es tiempo de hacer un
>
> ## CORTE DE CAJA
>
> de tu vida en el Espíritu
>
> para así saber cómo andas y a dónde vas.

1. Releer tus resúmenes semanales.

2. Escribir aquí las principales acciones y actitudes que te han ayudado a vivir:

_____

_____

3. Escribir aquí los principales obstáculos que no te han dejado vivir:

_____

_____

4. ¿Tienes claro a dónde estás encaminándote? ☐

¿Te gusta a dónde vas? ☐

¿por qué?_____

5. Escribir una cosa que puedas hacer para facilitar tu caminar con el Espíritu:

_____

Hora Santa N° 6

En el nombre del Padre
y del Hijo
y del Espíritu Santo.
Amén.

*Como ciervo sediento en busca de un río,
así, Dios mío, te busco a ti.*

Hacia ti, Señor, tiendo las manos,
sediento de ti, como tierra reseca.

Por la mañana hazme saber de tu amor,
porque en ti he puesto mi confianza.

Gracias, Señor, por enviarme tu amor cada día.

Enséñame a hacer tu voluntad;
¡que tu buen Espíritu me lleve por el camino recto!

*Como ciervo sediento en busca de un río,
Así, Dios mío, te busco a ti.*

ORACIÓN INICIAL

(De los Alcohólicos Anónimos)

Dios
concédeme
la SERENIDAD para *aceptar* las cosas
que no puedo cambiar,
el VALOR para *cambiar* aquellas que puedo
y la SABIDURÍA para *reconocer la diferencia.*

INTRODUCCIÓN AL TEMA

Por un lado, el Espíritu de Dios –quien *vive* y *actúa* en nosotros y en nuestro pueblo– nos *impulsa* a crecer. ¡Quiere que vivamos!
    Por otro lado, hay unas fuerzas destructivas dentro de nosotros y de nuestro pueblo. Unas de estas fuerzas están causadas por nuestra condición limitada de seres humanos; pero otras están causadas por las consecuencias de nuestros pecados, sean personales o sean sociales. Todas ellas *impiden* nuestro crecimiento y van *apagando* nuestra vida. ¡Nos llevan a la muerte!

TODOS VIVIMOS UNA LUCHA INTERNA
ENTRE LA VIDA Y LA MUERTE

Pero esta lucha no es sólo interna; la experimentamos en *todos* los grupos humanos donde estemos: en la familia, en el trabajo, en el pueblo, en la nación y en el mundo entero. En esta lucha, muchas veces sentimos que estamos ganando; pero, también, muchas veces sentimos que las fuerzas destructivas nos están dominando y que van acabando con nuestro entusiasmo por vivir.
    Ante esta lucha el *verdadero creyente* tiene una *fe total* en *el amor de Dios vivo,* quien habita en él y en toda la humanidad. Este Dios amor goza *–y se gloría–* en poder realizarse plenamente en nosotros. Por eso, san Pablo nos dice con tanta convicción: "que si Dios está a nuestro favor, nadie podrá estar en contra nuestra". (Rom 8, 31)
    A pesar de todos los obstáculos en esta lucha, el Espíritu nos sigue impulsando a crecer constantemente en cuatro dimensiones: personal, comunitaria, social y espiritualmente.

Es Dios mismo que está haciendo su obra en nosotros. Por eso, san Ireneo decía: "LA GLORIA DE DIOS ES EL SER HUMANO QUE SE REALIZA EN PLENITUD".

Ahora, vamos a ver cómo el Espíritu nos impulsa a CRECER PERSONALMENTE.

Y, en la Biblia, el que más habla de su propio crecimiento personal –y de su lucha interna para lograrlo– es el mismo san Pablo. Él luchaba por cambiar su vida, pero *nunca* pudo lograrlo del todo. Luego empezaba a aceptar con paz las cosas que no podía cambiar. Y esta serenidad interior lo ayudaba a ser más libre para descubrir y seguir los impulsos del Espíritu en su vida. Él llegó a ser un hombre muy completo y, por lo mismo, su experiencia de vida nos puede ayudar mucho para también seguir los impulsos del Espíritu.

SAN PABLO:
UNA HISTORIA QUE ILUMINA NUESTRO CAMINAR

San Pablo se llamaba Saulo. Era de origen judío y desde muy joven recibió una formación religiosa sumamente estricta.

Por un lado, le enseñaron a *temer a Dios*. Por eso, Saulo aprendió a *cumplir al pie de la letra* todos los mandamientos de la ley de Moisés *por miedo de ser castigado por Dios*. Cuando los cumplía bien, se sentía bueno y "salvado"; cuando no, se sentía culpable y "perdido".

Por otro lado, le enseñaron a *creer que "sólo su grupo religioso tenía toda la verdad"*. Claro, por eso, Saulo empezaba a despreciar –y hasta condenar– a todas las personas que pensaban de otra manera o que no cumplían tan bien los mandamientos así como él lo hacía.

Saulo se hizo rígido, intolerante y nada compasivo ni consigo mismo ni con los demás. Eso lo llevó a perseguir a los primeros cristianos *sin piedad*.

Pero Jesús vivo cambió el rumbo de la vida de Saulo. Se le apareció de un modo extraordinario y Saulo creyó en él. El perseguidor de los cristianos fue bautizado después con el nombre de Pablo. Y desde aquel momento en adelante, él vivía sólo para compartir con los demás su fe en Jesús vivo. Fue un misionero incansable; pasó el resto de su vida formando y guiando sin parar a las nuevas comunidades cristianas.

Sin embargo, no tuvo una vida fácil. Él mismo cuenta que varias veces fue encarcelado, azotado y estuvo en peligro de muerte; tres veces fue apaleado y una vez apedreado; en tres ocasiones se hundió el barco en que viajaba; una vez estuvo a punto de ahogarse después de pasar una noche y un día en alta mar; sufría por los peligros de los ríos, de los ladrones y de las intrigas de los falsos hermanos; sufría hambre, sed, frío y la falta de ropa. (2 Cor 11, 23-27). Pasó los últimos años de su vida encarcelado y, al final, lo mataron por su fe en Jesús vivo.

Pablo fue –sin duda alguna– uno de los hombres más grandes en toda la historia de la Iglesia. Fue un hombre de Dios. *Dejaba que el Espíritu actuara en él.* Y el Espíritu lo ayudó no sólo a vivir plenamente, sino también a dejar un aporte positivo para siempre en el caminar de la humanidad.

Aunque Jesús se le apareció a Pablo de un modo extraordinario, *el crecimiento personal* de Pablo fue lento, ordinario y, muchas veces, muy difícil; tuvo tantas dificultades como nosotros para crecer.

Pablo tenía bien metido en su mente desde joven que tenía que *cumplir la ley de Dios,* pero –aun después de conocer a Cristo– se molestaba consigo mismo porque no podía cumplir con todo a pesar de todos sus esfuerzos. Así describe él mismo su lucha interior:

–Sabemos que la ley es cosa espiritual, pero yo soy de carne y hueso, vendido como esclavo al pecado. Y ni siquiera entiendo lo que me pasa, pues no hago lo que quiero, y –en cambio– aquello que detesto es precisamente lo que hago. Ahora bien, si hago lo que no quiero, reconozco con ello que la ley es buena, pero, en este caso, no soy yo quien obra mal, sino el pecado que está dentro de mí. Porque yo sé que en mí, es decir, en mi naturaleza de hombre pecador, no hay nada bueno; pues aunque tengo el deseo de hacer lo bueno, no soy capaz de hacerlo. De hecho, no hago el bien que quiero hacer, sino el mal que no quiero hacer. Por lo tanto, si hago lo que no quiero hacer, ya no soy yo quien está haciendo el mal, sino el pecado que está en mí.

Descubro entonces esta realidad: aun queriendo hacer el bien, se me pone delante el mal que está en mí. En mi interior me gusta la ley de Dios, pero veo en mí algo que se opone a mi capacidad de razonar: es la ley del pecado, que está en mí y que me tiene preso.

¡Desdichado de mí! ¿Quién me librará de mí mismo y de la muerte que llevo adentro? Solamente Dios, a quien doy gracias por medio de nuestro Señor Jesucristo.

Así, pues, estoy doblemente esclavizado. Por un lado sé que debo someterme a la ley de Dios, pero, por el otro lado, como hombre estoy sometido a la ley del pecado. (Rom 7, 14-25)

Pablo tenía una debilidad personal que lo molestaba especialmente. Nunca dijo lo que era, pero –eso sí– expresó que no lo dejaba ser como él quería. Él sufría por esta debilidad y la describía como *"un aguijón clavado en su persona, un verdadero instrumento de Satanás que lo atormentaba"*. Le rogaba al Señor que se la quitara de su vida, pero –según cuenta Pablo– entendió, por fin, que el Señor le decía:

–Mi amor es todo lo que necesitas; pues mi poder se muestra mejor en los débiles. (2 Cor 12, 7-9)

Cada vez que Pablo experimentaba más hondamente en su interior lo mucho que Jesús vivo lo amaba, más y más se iba liberando de su doble esclavitud. Dejaba de ser *hombre viejo* con constantes luchas internas y comenzaba a vivir como *hombre nuevo* en libertad y en paz consigo mismo.

Antes no aceptaba que hubiera debilidades –y mucho menos pecados– en él. Luchó con toda su fuerza para superarlos y eliminarlos totalmente de su vida; pero no pudo. La aceptación de sus debilidades le llegó en el momento cuando descubrió que Dios lo quería tal como era, incluso con sus pecados. Pablo empezaba a estar más impactado por la fuerza positiva del amor de Dios para con él, que por la fuerza negativa de sus debilidades y pecados. Dicho en pocas palabras, Pablo empezaba a aceptarse a sí mismo así como Dios lo aceptaba y lo quería; *empezaba a vivir en paz consigo mismo.*

Antes, también, pensaba que Dios amaba y salvaba solamente a las personas buenas que cumplían con su ley. Pero también descubrió que *nadie "se salva" a sí mismo por cumplir una ley. ¡El único que salva es Dios!* Él es quien nos amó primero y quien nos ama ahora como somos; y es él mismo quien actúa en nosotros y nos impulsa a vivir plenamente.

Pablo les comunicó sus descubrimientos a los demás cristianos. A los romanos les dijo:

–*Fíjense, además, en qué tiempo murió Cristo por nosotros: cuando todavía éramos pecadores y debilitados por el pecado. Son pocos los que aceptarían morir por una persona buena; aunque, tratándose de una persona muy buena, tal vez alguien hasta daría su vida. Pero Dios dejó constancia del amor que nos tiene y, siendo nosotros aún pecadores, Cristo dio su vida por nosotros* (Rom 5, 6-8).

Al estar en paz consigo mismo, Pablo ya no sufría por los desgastes de sus luchas internas. El Espíritu de Dios dentro de él le ayudaba a crecer en libertad y en claridad. Es de esta manera como Pablo empezó a comprenderse a sí mismo de otro modo como jamás lo había comprendido antes. *Ya no se fijaba tanto en él, sino en la vida de Dios actuando en él.* Y no se cansaba de platicar de esta experiencia personal a los demás cristianos:

A los corintios les dijo que llevaban a Cristo vivo en ellos como un tesoro en vasos de barro (2 Cor 4, 7).

Y también les dijo que eran el templo de Dios y que el Espíritu de Dios vivía en ellos (1 Cor 3, 16).

A los gálatas les dijo: *"Ya no soy yo quien vive, sino que es Cristo quien vive en mí"* (Gál 2, 20).

Esto no significa que dentro de Pablo se habían acabado las luchas internas. Éstas seguían, pero fueron distintas y Pablo las manejaba de otro modo.

Antes luchaba para arrancar de su vida todos sus defectos. Lo hacía para ser "perfecto" y, así, "salvarse" del castigo de Dios. Nunca lo lograba del todo y se desgastaba por sus esfuerzos; sólo lograba frustrarse y deprimirse. Por más esfuerzos que hiciera, nunca iba a poder ser "perfecto"; tampoco iba a vivir en paz.

Después, no se fijaba tanto en los defectos de "su vaso de barro" sino más bien en el "tesoro" que vivía en él. Aprendía a ser atento a los impulsos del Espíritu. Quería que Dios realizara su obra en él. Y se cuidaba de todo aquello que pudiera frenar u obstaculizar la actuación de Dios en él.

Les decía a los corintios:

—Se dice: *"Yo soy libre de hacer lo que quiera". Es cierto, pero no todo conviene. Sí, yo soy libre de hacer lo que quiera, pero no todo ayuda al crecimiento espiritual. No debo dejar que nada me domine.* (1 Cor 6, 12 y 10, 23)

Pablo ya no se sentía mal consigo mismo. Estaba a gusto con su "tesoro". Y sus luchas internas ya no le quitaban la paz como antes porque tenía una confianza total en el amor de Dios vivo que habitaba en él. Por eso les dijo a los romanos:

—Estoy *convencido de que nada podrá separarnos del amor de Dios: ni la muerte, ni la vida, ni los ángeles, ni los poderes y fuerzas espirituales, ni lo presente, ni lo futuro, ni lo alto, ni lo profundo, ni ninguna otra de las cosas creadas por Dios. ¡Nada podrá separarnos del amor que Dios nos ha mostrado en Cristo Jesús nuestro Señor!* (Rom 8, 38-39)

(Un canto relacionado con algún aspecto de esta historia.)

UNA

CATEQUESIS

SAN PABLO

NOS ENSEÑA QUE NUESTRO

CRECIMIENTO PERSONAL

DEPENDE DE "NUESTRA MIRADA":

SAN PABLO PENSABA QUE DIOS LO MIRABA **CON DUREZA** Y QUE **LO RECHAZABA** CADA VEZ QUE COMETÍA UN PECADO... POR ESO, PABLO SE MIRABA A SÍ MISMO CON DUREZA Y **SE RECHAZABA A SÍ MISMO**.

① EL ALMA DE PABLO

SU CUERPO

POR LO TANTO... PABLO TRATABA DE **CUMPLIR** CON TODOS LOS MANDAMIENTOS PARA TENER SU ALMA **LIMPIA DE PECADO** ... Y ASÍ GANAR EL AGRADO DE DIOS.

② PERO, COMO SER HUMANO... PRONTO PECÓ. YA NO SE SENTÍA **NI PERFECTO NI LIMPIO.** SE IMAGINABA QUE SU ALMA ESTABA **MANCHADA** POR SU PECADO...

DIOS YA **NO** ME VA A QUERER

← Y ÉL SE RECHAZÓ A SÍ MISMO

③ LUCHABA UNA Y OTRA VEZ PARA ESTAR **LIMPIO** DE PECADO ... Y ASÍ SALVARSE DEL **CASTIGO** DE DIOS

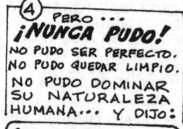

④ PERO... **¡NUNCA PUDO!** NO PUDO SER PERFECTO. NO PUDO QUEDAR LIMPIO. NO PUDO DOMINAR SU NATURALEZA HUMANA... Y DIJO:

¡DESDICHADO DE MÍ!

¡DIOS **NO** ME PUEDE AMAR COMO SOY!

PERO ERA **ÉL** QUIEN NO SE AMABA A SÍ MISMO.

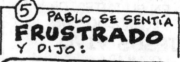

⑤ PABLO SE SENTÍA **FRUSTRADO** Y DIJO:

EL PECADO ESTÁ EN MÍ. ¡Y ME TIENE PRESO!

¡Y ESO ERA CIERTO! LO LLEVÓ A TRATAR DE CAMBIAR LO QUE NO SE PODÍA ... Y DE DEJAR EN PAZ LO QUE SÍ SE PODRÍA CAMBIAR ... NUNCA VIVÍA EN PAZ **CONSIGO MISMO.**

PERO, EN REALIDAD, JESÚS MIRABA
A SAN PABLO **CON AMOR** . . .
Y, POCO A POCO, PABLO EMPEZABA A
**MIRARSE CON LA MISMA
MIRADA DE JESÚS :**

① CADA VEZ QUE
PABLO EXPERIMENTABA
EN SU INTERIOR
<u>LO MUCHO</u> QUE
JESÚS VIVO
LO AMABA . . .
EMPEZABA A ACEPTARSE
TAL COMO ERA . . .

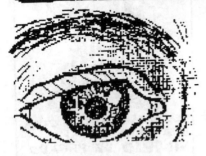

. . . Y
COMENZABA
A VIVIR
EN **PAZ**
Y CON
LIBERTAD

② YA NO LE
IMPORTABA TANTO
QUITARSE TODAS SUS
DEBILIDADES . . .
EMPEZABA A SENTIR
EL **PODER** DEL AMOR
DE DIOS EN ÉL . . .
Y ESO LE BASTABA

DIOS **NO** QUIERE QUE
YO VIVA FRUSTRADO.
ÉL ESTÁ EN MI ALMA
¡Y ESTÁ
EN
TODO
MI
SER!

③ EL **ÚNICO** QUE SALVA ES **DIOS** ...Y DIOS ME ESTÁ SALVANDO, **NO** DESDE EL CIELO, SINO **EN MÍ**... ¡DIOS VIVE Y ACTÚA EN MÍ PORQUE ME AMA!

AL CAER EN LA CUENTA DE QUE DIOS ESTABA **A GUSTO** CON ÉL... PABLO EMPEZABA A VIVIR A GUSTO CONSIGO MISMO.

YA NO SE FIJABA TANTO EN SU **"VASO DE BARRO"**

SINO EN **"EL TESORO"** QUE LLEVABA ADENTRO Y ...

DEJABA QUE EL ESPÍRITU ACTUARA EN ÉL. PABLO AHORA EMPEZÓ A AMARSE CON GUSTO EN VEZ DE QUEJARSE POR SUS DEBILIDADES.

⑤ PABLO SE SENTÍA **SATISFECHO** Y DIJO:

¡**NADIE** ME PUEDE SEPARAR DEL AMOR DE DIOS!

...AHORA ACEPTABA LO QUE **NO** PODÍA CAMBIAR... Y LUCHABA POR CAMBIAR LO QUE **SÍ** PODÍA... Y ¡VIVÍA A GUSTO CONSIGO MISMO!

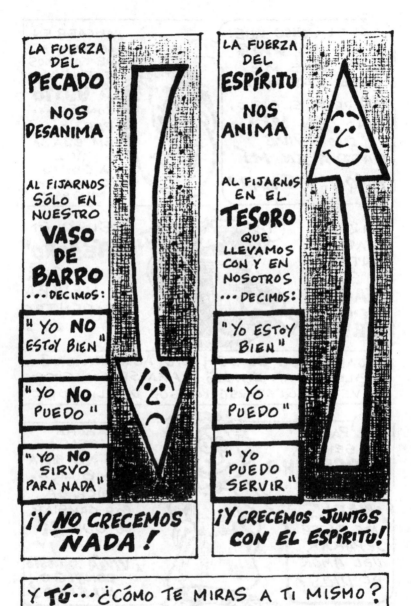

MEDITACIÓN Y DISCERNIMIENTO ESPIRITUAL

1) Un momento en silencio para meditar sobre lo que *más* te gustó de la historia de san Pablo o de la catequesis. ¿Por qué te gustó?

2) Reflexión a partir de una lectura de la Biblia:

–Leer despacio la siguiente lectura:

El amor es paciente, servicial y sin envidia. No quiere aparentar ni se hace el importante. No actúa con bajeza, ni busca su propio interés. El amor no se deja llevar por la ira, sino que olvida las ofensas y perdona. Nunca se alegra de algo injusto y siempre le agrada la verdad. El amor disculpa todo; todo lo cree; todo lo espera y todo lo soporta. El amor jamás dejará de existir. (1 Cor 13, 4-8)

–Releer despacio la misma lectura otra vez. Pero, esta vez, cuando aparece la palabra *"amor"*, cambiarla por la palabra *"Dios"*. Dios es amor (1 Juan 4, 8). Ahora, aplicar, esta lectura a la relación de Dios contigo.

[*Por ejemplo*: ¿Cómo ha sido Dios paciente contigo? ¿Cómo es servicial contigo? ¿Qué sientes al saber que Dios no busca su propio interés en su relación contigo? (Ni pide ni exige que lo ames.) ¿Qué sientes al saber que Dios no sólo perdona tus pecados, sino que también los olvida? (Porque lo que le importa a Dios *eres tú*, y no tus pecados.) ¿Qué sientes al saber que Dios espera todo de ti, aun cuando tú ya no esperas nada de ti mismo?]

3) *Discernimiento espiritual*:

– *ver:* Releer todo lo que escribiste sobre tus estados de ánimo durante la semana pasada.

– *escuchar:* Escoger el estado de ánimo que más se ha repetido. (¡Es ahí donde Dios ahora te habla a ti!).

– *comprender:* ¿Hasta dónde te llevan tus sentimientos y por qué?

– *discernir:* ¿Por dónde te quiere llevar el Espíritu de Dios?

– después, *actuar junto con el Espíritu* (por *amor* y con *paz* en el corazón).

117

4) *Oración*: platica todo esto con el Señor y escucha cómo te habla al corazón.

5) *Compartir* la fe: platicar todos acerca de sus reflexiones y de los frutos de su oración.

SALMO 92

¡OH SEÑOR, TÚ ME HAS HECHO FELIZ CON TUS ACCIONES!
¡TUS OBRAS ME LLENAN DE ALEGRÍA!

Altísimo Señor,
¡qué bueno es darte gracias
y cantar himnos en tu honor!
Anunciar por la mañana y por la noche
tu gran amor y fidelidad,
con guitarras de diez cuerdas
y con arpas que suenen suavemente.
¡Qué grandes son tus obras!

¡OH SEÑOR, TÚ ME HAS HECHO FELIZ CON TUS ACCIONES!
¡TUS OBRAS ME LLENAN DE ALEGRÍA!

Los justos florecerán como las palmas
y crecerán como los cedros del Líbano.
Están plantados en la casa del Señor;
florecen en los patios de nuestro Dios.
Aun en su vejez darán frutos;
pues aún están verdes y dan brotes,
para anunciar que el Señor, mi protector,
es recto y no hay en él injusticia.

¡OH SEÑOR, TÚ ME HAS HECHO FELIZ CON TUS ACCIONES!
¡TUS OBRAS ME LLENAN DE ALEGRÍA!

Quiero anunciar por la mañana y por la noche
tu gran amor y fidelidad.

SALMO 51

**NO ME APARTES DE TU PRESENCIA, SEÑOR,
NI ME QUITES TU SANTO ESPÍRITU.**

Tú ves que malo soy de nacimiento,
pecador desde el seno de mi madre.
Tú quieres rectitud de corazón,
enséñame en secreto lo que es sabio.

**NO ME APARTES DE TU PRESENCIA, SEÑOR,
NI ME QUITES TU SANTO ESPÍRITU.**

Purifícame con hisopo, y quedaré limpio;
lávame, y quedaré más blanco que la nieve.
Crea en mí, oh Dios, un corazón puro.
¡Pon en mí un espíritu nuevo y fiel!

**NO ME APARTES DE TU PRESENCIA, SEÑOR,
NI ME QUITES TU SANTO ESPÍRITU.**

Hazme sentir de nuevo el gozo de tu salvación;
sosténme con tu espíritu generoso.
E indicaré el camino a los desviados,
y a ti se volverán los descarriados.

**NO ME APARTES DE TU PRESENCIA, SEÑOR,
NI ME QUITES TU SANTO ESPÍRITU.**

Señor, líbrame de todo lo que cause la muerte,
y anunciaré con cantos que tú eres justo.
Señor, abre mis labios,
y mi boca proclamará tu alabanza.

**NO ME APARTES DE TU PRESENCIA, SEÑOR,
NI ME QUITES TU SANTO ESPÍRITU.**

PETICIONES

Padre,
me estás creando en tu imagen y semejanza
para que, en todo, pueda yo amar y servir,
así como tú me amas y me sirves.
Por eso, me uno a toda la Iglesia
para hacerte estas peticiones:

Ayúdanos a comprender cuánto nos amas, Padre.
* *Te rogamos, Señor.*

Ayúdanos a mirarnos como tú nos miras, Padre.
* *Te rogamos, Señor.*

Ayúdanos a discernir la acción de tu espíritu en nosotros.
* *Te rogamos, Señor.*

* (otras peticiones)

Escucha, Señor, todo lo que te hemos pedido
y concédenos lo que nos ayudará
a responder mejor a tu llamado.
Te lo pedimos por tu Hijo, Jesucristo.
Amén.

(Rezar juntos el *Padrenuestro*)

ORACIÓN A MARÍA

María, nuestra Madre,
sentimos tu presencia entre nosotros.
Tu cariño y tu ejemplo nos animan;
tu intercesión nos salva.

Cuando Dios te llamó,
por medio del ángel Gabriel,
le contestaste rápido:
Yo soy la esclava del Señor
que Dios haga conmigo
como me has dicho.

Ayúdanos a responder de igual modo
al llamado que Dios nos hace.
Y haz que sintamos lo mismo que tú
cuando dijiste:

Mi espíritu se alegra en Dios, mi salvador,
porque Dios ha puesto sus ojos en mí,
su humilde esclava,
y desde ahora siempre me llamarán dichosa
porque el todopoderoso ha hecho en mí grandes
cosas.
¡Santo es su nombre!

María, nuestra Madre,
sentimos tu presencia entre nosotros.
Tu cariño y tu ejemplo nos animan;
tu intercesión nos salva.

(Rezar juntos el *Avemaría*)

ORACIÓN FINAL

(Un momento de silencio para pensar en *una sola frase* que capte
lo que *más* te ha impactado durante esta "Hora Santa". Se comparten las frases.)

Que el Señor nos bendiga,
que nos dé las fuerzas para seguir su llamado
y que nos lleve a una vida plena
tal como nos lo había prometido
desde los tiempos de Abraham hasta ahora.
Amén.

(Un canto final)

Día 1

Cansada - Presionada

Porque es viernes

Día 2

relajado·

estaba mas descansada

Día 3

Familiar

estubo muy Feliz.

Día 4

contenta.

un dia más de vida

Día 5

Feliz

Con migo

Feliz Porque Dios esta

Día 6

contenta

Día 7

Cansada· y enojada

Por problemas en el trabajo

**EL RESUMEN DE
MI SEMANA**

Feliz· y con paz.

Hora Santa N° 7

En el nombre del Padre
y del Hijo
y del Espíritu Santo.
Amén.

Como ciervo sediento en busca de un río,
así, Dios mío, te busco a ti.

Tu amor para conmigo
es como un manantial
que nunca se agota.

Gracias, Señor, por enviarme tu amor cada día.

Me has llamado, Señor,
para conocer tu amor.
Y sin tu amor, Señor,
yo ya nada soy.

Gracias, Señor, por enviarme tu amor cada día.

Por amor actúas en mí.
Tus acciones me hacen feliz,
pues soy obra de tus manos.

Gracias, Señor, por enviarme tu amor cada día.

Sé que soy dichoso, Señor,
porque tú estas haciendo grandes cosas en mí.
¡Santo es tu nombre!

Como ciervo sediento en busca de un río,
así, Dios mío, te busco a ti.

(Un canto de alabanza.)

ORACIÓN INICIAL

(Oración de san Francisco de Asís)

Señor,
hazme un instrumento de tu paz.

Donde haya odio, siembre yo amor.
Donde haya injuria, perdón.
Donde haya duda, fe.
Donde haya error, verdad.
Donde haya sombra, luz.
Donde haya desaliento, esperanza.
Donde haya tristeza, alegría.

Concédeme, Jesús mío:

Que no busque ser consolado, sino consolar.
Que no busque ser comprendido,
sino comprender.
Que no busque ser amado, sino amar.
Porque dando es como recibimos.
Perdonando es como tú nos perdonas.
Y muriendo en ti,
es como renacemos a la vida eterna.

Amén.

INTRODUCCIÓN AL TEMA

Durante su última cena, Jesús les dijo a sus apóstoles:

—Les doy este mandamiento nuevo: que se amen los unos a los otros. Así como yo los amo a ustedes, así deben amarse los unos a los otros. Si se aman los unos a los otros, todo el mundo se dará cuenta de que son discípulos míos (Jn 13, 34-35).

Éstas son palabras que hemos oído tantas veces que hasta las sabemos de memoria. Y todos hemos deseado más de una vez que estas palabras se hicieran realidad en nosotros y en nuestra Iglesia.

Lo curioso es que lo que más divide y acaba nuestras comunidades son los problemas interpersonales entre los miembros de la comunidad.

TODAVÍA NO SABEMOS BIEN CÓMO AMARNOS LOS UNOS A LOS OTROS

Tampoco lo sabían muy bien los apóstoles. Aquella misma noche de la última cena, uno de ellos iba a traicionar a Jesús por sólo 30 moneditas de plata y los demás lo iban a abandonar por miedo. Con razón Jesús insistió tanto en este nuevo mandamiento antes de dejarnos. Pero no sólo insistió, sino que también prometió aquella noche mandarnos a su Espíritu para que todos fuéramos uno, como el Padre y él son uno. Y –no es de sorprender– que lo primero que hizo el Espíritu Santo al llegar aquel domingo de Pentecostés fuera unir a más de 3 mil creyentes –de distintas razas y lenguas– en *una sola comunidad*, LA IGLESIA.

Este mismo Espíritu vive gozosamente en nosotros desde nuestro Bautismo *y nos impulsa a crecer comunitariamente*.

Si un creyente piensa que puede vivir su fe solo, se engaña a sí mismo. No hay una *fe verdadera en Dios amor*, sin una comunidad de los *verdaderos amigos* en el Señor Jesús vivo. Y, curiosamente, no hay un crecimiento personal si no va acompañado por un crecimiento comunitario. El uno va con el otro.

En la Biblia aparecen muchas personas comunitarias. *Rut* es una de ellas y su historia nos puede dar mucha luz.

Ella se alimentaba del amor de su comunidad y, a la vez, fue un instrumento del amor de Dios en las vidas de los demás.

RUT:
UNA HISTORIA QUE ILUMINA NUESTRO CAMINAR

En el tiempo en que Israel era gobernado por las caudillos, hubo una época de hambre en todo el país. Debido a eso, Elimelec y su familia se fueron a vivir a otro país llamado Moab.

Al poco tiempo falleció Elimelec, y su viuda Noemí quedó sola con sus dos hijos. Más tarde, ellos se casaron con dos mujeres moabitas; una de ellas se llamaba Orfa y la otra Rut. Noemí las quería tanto como si fueran sus propias hijas y las trataba siempre con cariño y con mucho respeto. Realmente se le hacía honor a su nombre; pues "Noemí" quiere decir "mi dulzura".

Pero, al cabo de unos años murieron también los dos hijos de Noemí; ella quedó desamparada, sin esposo e hijos y sin la esperanza de tener nietos. Por eso, cuando le llegó la noticia de que ya se había acabado la época de hambre en Israel, ella decidió regresar a su gente.

Noemí les platicó de su decisión a sus dos nueras; ellas la comprendían y querían acompañarla a su pueblo de origen. Pero al salir juntas de su casa, Noemí les dijo:

—*Creo que es mejor que ustedes vuelvan a su casa, con su madre. Que el Señor las trate siempre con bondad, como también ustedes nos trataron a mí y a mis hijos, y que les permita casarse otra vez y formar un hogar feliz.*

En seguida las abrazó y les dio un beso.

Pero ellas se echaron a llorar y le dijeron:

—*¡No! ¡Nosotras volveremos contigo a tu país!*

Pero Noemí insistió que regresaran. Ellas se pusieron a llorar otra vez. Por fin, Orfa se despidió de su suegra, pero Rut se quedó con ella.

Entonces Noemí le dijo:

—*¿Por qué no te vas también con tu cuñada para que así regreses a tu casa y a tus creencias?*

Pero Rut le contestó:

—¡No me pidas que te deje y que me separe de ti! Iré a donde tú vayas, y viviré donde tú vivas. Tu pueblo será mi pueblo, y tu Dios será mi Dios. Moriré donde tú mueras, y allí quiero ser enterrada. ¡Y que el Señor me castigue si me separo de ti!

Al oír esto, Noemí no le insistió más, y así las dos siguieron su camino.

Cuando entraron en Belén, hubo un gran revuelo en todo el pueblo. Las mujeres decían:

—¿No es ésta Noemí?

Y la abrazaron.

Pero ella les dijo:

—Ya no me llamen "Noemí". Llámenme "Amarga" porque el Dios todopoderoso me ha llenado de amargura. Salí de aquí con las manos llenas, y ahora las traigo vacías porque así lo ha querido el Señor.

Al principio todo el pueblo las recibió bien; les consiguió una casita dónde vivir y suficientes víveres. Pero, con el tiempo, ellas dos empezaban a sentir necesidades. Rut se dio cuenta de que su suegra ya había comenzado a desesperarse y –peor todavía– a deprimirse ante esta situación; sabía que tenía que actuar rápido.

Era el tiempo de la cosecha de la cebada, entonces Rut le dijo a Noemí:

—Déjame ir al campo, a ver si puedo recoger algo para comer.

Y ella le contestó:

—Está bien, hija, y gracias por ayudarme. Aquí tenemos una ley que dice que la tierra es de Dios y que los frutos de la tierra son de todos. Por eso, si cualquier persona tiene hambre, tiene derecho a recoger todo lo que los trabajadores del campo hayan

dejado después de recoger ellos primero. No creo que vayas a tener problemas, pero pide permiso primero a los segadores antes de ponerte a recoger las espigas.

Rut, pues, salió al campo y se puso a juntar espigas detrás de los segadores. Al principio se sentía incómoda: era extranjera y estaba sola entre hombres desconocidos en un campo que no le pertenecía. Unos de los segadores fueron amables con ella, pero otros no. Comenzaba a sentirse mal, pero muy pronto recordó que no estaba haciendo nada malo, es más, estaba luchando por Noemí y por ella misma. Y trabajó duro con gusto sin importar ni las miradas de los demás, ni el calor, ni la sed. Sin saberlo, tuvo la suerte de que aquel campo pertenecía a Booz, un pariente de Elimelec. Y cuando Booz llegó al campo, luego de saludar a los segadores, le preguntó al capataz:

—¿Quién es esa joven?

Y el empleado le contestó:

—Es una moabita, que vino con Noemí. Me pidió permiso para recoger las espigas que dejan los segadores. Y en eso ha estado toda la mañana sin parar.

Entonces Booz se acercó a Rut y le dijo:

—Escucha, hija mía, no vayas a recoger espigas a ningún otro campo. Quédate aquí con mis criados. Síguelos a cualquier campo donde vayan a segar. Yo les daré órdenes para que no te molesten. Y si tienes sed, no tienes más que acercarte a los cántaros, donde tienen agua.

Al oír esto, Rut se inclinó hasta el suelo en señal de respeto y le dijo:

—¿Por qué es usted tan amable conmigo, siendo yo una pobre extranjera?

Y Booz le respondió:

—Sé muy bien todo lo que has hecho por tu suegra; y también sé que has dejado a tu patria y a tus padres por acompañar a Noemí hasta esta tierra desconocida para ti. ¡Que Dios te recompense tus buenas obras!

Ella contestó:

—Usted es muy amable conmigo y sus palabras me llenan de aliento. Me habla usted con cariño, aunque ni siquiera soy como una de sus criadas.

Se despidió de Booz y regresó con alegría a trabajar.

Mas tarde, a la hora de comer, Booz llamó a Rut para que comiera con ellos. Ella se sentó junto a los segadores, y Booz le dio grano tostado. Rut comió hasta quedar satisfecha, y todavía le sobró. Guardó todas las sobras y, en seguida, se levantó para seguir trabajando.

Al irse Rut, Booz les dijo a sus trabajadores:

—Déjenla recoger todas las espigas que quiera, sin llamarle la atención. Más aún, dejen caer espigas de sus propios manojos para que ella las pueda recoger. ¡Y que nadie la moleste!

Rut recogió espigas hasta que llegó la noche y, luego de desgranarlas, vio que había juntado mas de 20 kilos de cebada. Estaba contentísima. Y regresó rápido al pueblo.

Al llegar a la casa, le mostró a Noemí todo lo que había recogido. Después sacó las sobras de la comida y se las dio a su suegra. Se sentaron las dos y, mientras Noemí cenaba, Rut le platicaba de todo lo que le había sucedido durante el día. Entre risas y plática, la casa de Noemí se llenó otra vez de alegría; y los lazos de cariño entre estas dos mujeres se hicieron todavía más fuertes. Cuando Noemí supo que el hombre quien le había ayudado tanto a su nuera era Booz, exclamó:

—¡Que el Señor lo bendiga! Booz ha sido bondadoso con nosotras ahora, como antes lo fue con mi marido y con mis hijos. Este hombre es pariente cercano de nosotras y, según nuestras leyes, es uno de los que tienen el deber de protegernos.

129

Rut añadió:

—*También me dijo que siguiera yo con sus trabajadores hasta que se termine la cosecha.*

Y Noemí estuvo de acuerdo.

Rut siguió trabajando hasta que terminó la cosecha de cebada; después empezaba a recoger las espigas de trigo. Durante todo este tiempo Noemí había notado un lento cambio en su nuera: Rut estaba enamorándose de Booz, pero —por pena— no le había contado nada a ella. Cuando, por fin, se terminó la cosecha de trigo, Noemí abordó el tema con su nuera. Rut, al verse descubierta, se puso roja y lo admitió. Con dificultades Rut le hablaba de sus sentimientos: por un lado, sentía cada vez mas cariño por Booz; pero, por otro lado, no quería dejar nunca a su suegra a quien quería tanto. Noemí la abrazó y lloraron las dos juntas. Luego Noemí le dijo:

—*Hija mía, desde un tiempo para acá sólo he tenido dos tristezas: una es que tú has dejado todo para apoyarme, pero no eres feliz porque no tienes marido. Eso me duele tanto. Y la otra tristeza es que no voy a tener nietos. ¡pero, parece que el Señor se ha compadecido de mi! Según nuestras leyes, no se puede dejar desamparada a ninguna viuda. El pariente más cercano tiene la obligación de casarse con ella y el primer hijo varón que tendrán será considerado como el hijo y heredero del difunto esposo. Bueno, escucha bien, Booz es pariente cercano y tiene la obligación de casarse contigo. ¡Tu te casas con el hombre a quien amas... Y yo tendré a mi nieto!*

Y, con la sonrisa en la boca, Noemí le dijo:

—*Hija mía, ¿no es mi deber buscarte un esposo que te haga feliz?*

Entre risas se abrazaron.

El día siguiente Noemí salió temprano de la casa y estuvo ocupada todo el día. Cuando regresó, llamó ansiosamente a Rut y le dijo:

—*Ya me enteré de que mi pariente Booz va esta tarde a separar el grano de la paja; y va a quedarse ahí esta noche para cuidar el grano.*

Haz, pues, lo siguiente: báñate, perfúmate, ponte tu mejor vestido y vete allá. Pero no dejes que Booz te vea antes que termine de cenar y beber. Fíjate bien dónde se va a acostar, cuando ya esté durmiendo, acércate, levanta la manta que tenga a sus pies y acuéstate allí. Luego, él mismo te dirá lo que debes hacer.

Rut estaba nerviosa, pero le contestó:

—*Haré todo lo que me has dicho.*

Rut se fue al campo e hizo lo que su suegra le había mandado. Booz cenó, bebió y se mostró muy contento. Luego se acostó a dormir junto al montón de grano. Más tarde Rut llegó sin hacer ruido, le destapó los pies y se acostó allí. Como a la media noche, se despertó el hombre y miró con asombro que tenía a sus pies a una mujer, y le preguntó:

—*¿Quién eres?*

Ella respondió:

—*Soy Rut, su servidora. Tápeme con su manta, pues usted es mi pariente más cercano y tiene el deber de ampararme. Y yo, de mi parte, quiero que usted se case conmigo.*

Booz la tapó y le dijo con cariño:

—*Hija mía, ¡que Dios te bendiga! Bien podrías haber buscado a otro hombre más joven que yo, pero no lo hiciste. Te has fijado en mi, tu pariente, por el gran cariño que tienes por tu difunto esposo, por Noemí y por toda nuestra familia. Eres una mujer extraordinaria, y todo el pueblo lo sabe. Será un honor casarme contigo.*

Booz quedó pensativo un momento y después le dijo: —*A ver cómo podremos arreglar esto. Es cierto que soy pariente cercano tuyo, pero hay otro aún mas próximo que yo. Voy a tener que hablar con él porque, según nuestras leyes, él tiene más derecho*

*que yo. Quédate aquí esta noche, hija, y mañana haré todo lo que
pueda. ¡Te lo prometo por Dios!*

Booz no quería que nadie supiera que Rut había dormido
con él. Por eso, se levantaron antes del amanecer. Booz le pidió
que extendiera su chal y se lo llenó de granos. Ella se lo echó al
hombro y, después de despedirse, volvió al pueblo.

Cuando Rut llegó a su casa, todavía estaba oscuro. Pero
Noemí estaba despierta, esperándola. Al ver a Rut, le preguntó:

—*¿Cómo te fue, hija?*

Y su nuera le contó todo. Al terminar, Noemí le dijo:

—*Quédate tranquila, hasta que veas en qué acaba esto. Pues
estoy segura que Booz agotará todos los medios hasta dejar resuelto el asunto hoy mismo.*

Más tarde, Booz fue a sentarse a la entrada del pueblo, que
era el lugar donde se reunía la gente. En aquel momento pasaba
por allí el pariente del cual Booz había hablado; y lo invitó a
sentarse. En seguida Booz llamó a diez ancianos del pueblo, y
también les pidió que se sentaran con él. Luego, Booz le dijo a su
pariente:

—*Noemí está decidida a vender el terreno que perteneció a
nuestro pariente Elimelec. Como tú eres el pariente más cercano,
tienes el derecho de comprarlo antes que los demás. Pero si tú no
lo compras, házmelo saber, pues después de ti yo soy quien tiene
ese derecho. Si quieres comprarlo, hazlo ahora delante de estos
testigos.*

El pariente contestó:

—*Muy bien, lo compro.*

Entonces Booz le hizo esta aclaración:

—*Ten en cuenta que si lo compras, quedas obligado a casar-
te con Rut, la moabita, que era mujer del difunto hijo de Elimelec
y, además, los hijos que tendrás con ella serán tus herederos.*

Al oír esto, el pariente contestó:

—En este caso no puedo hacer la compra, porque podría perjudicar la herencia de los hijos que ya tengo. Pero si tú lo quieres comprar, hazlo; yo te cedo mis derechos de compra.

Entonces Booz dijo a los ancianos y a los allí presentes:

—Todos ustedes son testigos de que hoy le compro a Noemí las propiedades de Elimelec. También son testigos de que tomo por esposa a Rut, la viuda moabita, para que la propiedad se mantenga a nombre de su difunto esposo, cuyo nombre ya no será olvidado en este pueblo. Hoy son ustedes testigos.

Los ancianos y los demás contestaron:

—Sí, lo somos.

Así fue como Booz se casó con Rut. Y el Señor permitió que Rut quedara embarazada y que tuviera un hijo, a quien le pusieron por nombre Obed.

Noemí tomo al niño en su regazo y se encargó de criarlo. Al verlo, las vecinas decían:

—¡Le ha nacido un hijo a Noemí!

Obed fue el abuelo de David, el segundo rey de Israel y el autor de muchos de los Salmos escritos en la Biblia. Y también fue el bisabuelo de Salomón, el tercer rey de Israel y el autor de muchos de los Proverbios de la Biblia.

(un canto relacionado con algún aspecto de esta historia)

UNA CATEQUESIS

1 UNA SEMILLA TIENE VIDA EN SÍ... PERO **NO** CRECE MIENTRAS QUE NO ESTÉ EN UN **AMBIENTE** QUE LE PERMITA **CRECER**

2 EL AMBIENTE DONDE PUEDE CRECER LA SEMILLA:

SOL — AGUA — AIRE — TIERRA BUENA — LA SEMILLA

3 PERO TODAVÍA **NO** PUEDE CRECER:

NECESITA ECHAR SUS RAÍCES

4 MIENTRAS MÁS ENRAIZADO ESTÁ, MÁS CRECE... Y MÁS FRUTO DA.

NOEMÍ Y RUT NOS ENSEÑAN QUE PARA CRECER... TENEMOS QUE ESTAR

¡BIEN ENRAIZADOS EN EL AMOR!

① NOEMÍ YA ERA COMO UNA PLANTA **SIN** RAÍCES...

AL MORIR SU FAMILIA, YA NO PUDO ALIMENTARSE CON EL AMOR DE LOS SUYOS.

② SU ALEGRÍA SE CONVIRTIÓ EN AMARGURA.

Y SOÑABA SÓLO EN REGRESAR A **SU** AMBIENTE.

BELÉN

③ PERO... EL AMOR SINCERO Y "BIEN ENRAIZADO" DE SU NUERA LE CAMBIÓ LA VIDA

RUT... ME VOY. QUÉDATE CON LOS TUYOS.

¡NO!

IRÉ A DONDE TÚ VAYAS. TU PUEBLO... SERÁ MI PUEBLO Y TU DIOS, MI DIOS.

④ JUNTAS —ELLAS DOS— CREARON UNA NUEVA FAMILIA Y UNA NUEVA HISTORIA.

1 COMO **NOEMÍ...** TODOS NECESITAMOS "UN AMBIENTE DE CARIÑO"

2 PERO ESTE AMBIENTE "NO CAE DEL CIELO"

¡HAY QUE CREARLO!

NI MODO...

¡HAY QUE ENTRARLE!

¿CÓMO CREARON "SU AMBIENTE" NOEMÍ Y RUT?

3 UN AMBIENTE DE AMOR NOS IMPULSA A AMAR RADICALMENTE

EL AMOR ES EL "MOTOR" DE NUESTRA VIDA.

SÓLO POR AMOR A OTROS PODEMOS CRECER Y CREAR JUNTOS NUESTRO FUTURO.

¡NO!

IRÉ A DÓNDE TÚ VAYAS.

4 ¡HAY QUE **CUIDAR** ESTE AMBIENTE! NECESITAMOS UNAS NORMAS COMUNES PARA ASEGURAR EL BIENESTAR DE TODOS. ¿QUÉ LEYES HABÍA EN BELÉN? ¿QUÉ NORMAS TIENES EN TU FAMILIA?

ABONO

PERO... HAY QUE **LUCHAR** PARA **CRECER COMUNITARIAMENTE**

LA FUERZA DEL **PECADO** EN NOSOTROS APROVECHA CUALQUIER CONTRATIEMPO CON LOS AMIGOS PARA:	LA FUERZA DEL **ESPÍRITU DE DIOS** EN NOSOTROS APROVECHA TODOS LOS MOMENTOS CON LOS AMIGOS PARA:
ALEJARNOS DE ELLOS	ACERCARNOS A ELLOS
DESUNIRNOS	UNIRNOS
GUARDARLES RENCOR	PERDONARLOS Y OLVIDARLO
TENERLES CELOS Y ENVIDIAS	CONFIAR Y COMPARTIR

EL PECADO NOS HACE **CORTAR DE RAÍZ** NUESTRAS AMISTADES

EL ESPÍRITU NOS HACE **ENRAIZAR MÁS** NUESTRAS AMISTADES

Y NOS AMARGA LA VIDA

Y NOS DA GANAS DE VIVIR

¿CÓMO ANDA **TU** CRECIMIENTO COMUNITARIO?... ¿POR QUÉ?

MEDITACIÓN Y DISCERNIMIENTO ESPIRITUAL

1) Un momento en silencio para meditar sobre lo que más te gustó de la historia de Rut o de la catequesis. ¿Por qué te gustó?

2) Reflexión con preguntas:

–¿Cuáles son las personas (o grupos) que te han querido *sinceramente* en las diferentes etapas de tu vida? ¿Su cariño te ha ayudado a *crecer*? ¿Cómo? ¿Qué te gustaría decirles?

–¿Cuáles son los frutos del *Espíritu de Dios* cuando actúa en ti a través de tus amigos? ¿Qué tipo de relación quiere tener Dios contigo?

–¿Cómo andan "los ambientes" donde tú vives y convives con los demás? ¿Quiere Dios que tú seas un instrumento de su amor en estos ambientes? ¿Cómo?

3) Discernimiento espiritual:

–*Ver*: Releer todo lo que escribiste sobre tus estados de ánimo durante la semana pasada.

–*escuchar*: Escoger el estado de ánimo que más se ha repetido. (¡Es ahí donde Dios ahora te habla a ti!).

–*comprender*: ¿Hasta dónde te llevan tus sentimientos y por qué?

–*discernir*: ¿Por dónde te quiere llevar el Espíritu de Dios?

–después, *actuar* junto con el Espíritu (por amor y con paz en el corazón).

4) Oración: platica todo esto con el Señor y escucha cómo te habla al corazón.

5) Compartir la fe: platicar todos acerca de sus reflexiones y de los frutos de su oración.

SALMO 133

¡VEAN QUÉ BUENO Y AGRADABLE ES CUANDO LOS HERMANOS VIVEN UNIDOS!

Es como el buen perfume
que corre por la cabeza de los sacerdotes
y baja por su barba
hasta el cuello de su túnica.

Es como el rocío que baja del monte Hermón
y cae sobre las alturas de Sión.
Ésta es la bendición que mandó el Señor:
una vida así para siempre.

¡VEAN QUÉ BUENO Y AGRADABLE ES CUANDO LOS HERMANOS VIVEN UNIDOS!

1 CORINTIOS 13

(Lectura o canto)

SI NO TENGO AMOR, YO NO SOY NADA, SEÑOR.

Si yo hablo todas las lenguas de los hombres
y aun de los ángeles,
pero me falta el amor,
no soy yo más que un metal que resuena
o una campana que toca.

SI NO TENGO AMOR, YO NO SOY NADA, SEÑOR.

Y si yo hablo de parte de Dios,
y entiendo todas las cosas,
y si tengo tanta fe como para mover montañas,
pero me falta el amor,
yo nada soy.

SI NO TENGO AMOR, YO NO SOY NADA, SEÑOR.

Y si reparto todo lo que poseo a los pobres,
y si entrego hasta mi propio cuerpo
por los motivos que sean,
pero no por amor,
de nada me sirve.

SI NO TENGO AMOR, YO NO SOY NADA, SEÑOR.

PETICIONES

Señor y Dios mío,
tú me has llamado para amar
y para servir a tu pueblo.
Hazme un instrumento de tu paz.
Por eso me uno a toda la Iglesia
para hacerte estas peticiones:

Ayúdanos a ofrecerles a los demás una amistad sincera.
Concédenoslo, Padre, para el bien de tu pueblo.

Ayúdanos a tener hambre y sed de la justicia.
Concédenoslo, Padre, para el bien de tu pueblo.

Ayúdanos a promover la paz y el perdón donde vivimos.
Concédenoslo, Padre, para el bien de tu pueblo.

*(otras peticiones)

Escucha, Señor, todo lo que te hemos pedido
y concédenos lo que nos ayudará
a responder mejor a tu llamado.
Te lo pedimos por tu Hijo, Jesucristo.
Amén.

(Rezar juntos el *Padrenuestro*)

ORACIÓN A MARÍA

María, nuestra Madre,
sentimos tu presencia entre nosotros.
Tu cariño y tu ejemplo nos animan;
tu intercesión nos salva.

Escuchaste del ángel Gabriel
la noticia de tu prima Isabel.

Comprendiste que ella necesitaba de tu ayuda
sin que nadie te lo dijera.

Fuiste con prisa y con ganas de servirla;
te dejaste ser un instrumento de Dios amor.

Pide por mí para que en todo yo pueda amar y servir;
¡que el todopoderoso haga grandes cosas también en mí!

María, Madre nuestra,
sentimos tu presencia entre nosotros.
Tu cariño y tu ejemplo nos animan;
Tu intercesión nos salva.

(Rezar juntos el *Avemaría*)

ORACIÓN FINAL

(Un momento de silencio para pensar en *una sola frase* que capte
lo que *más* te ha impactado durante esta "Hora Santa". Se comparten las frases.)

Que el Señor nos bendiga,
que nos dé las fuerzas para seguir su llamado,
y que nos lleve a una vida plena
tal como nos lo había prometido
desde los tiempos de Abraham hasta ahora.
Amén.

(Un canto final)

141

_10?_

Día 1

relajada y productivo
Fam.

11? contenta y Feliz con la

Día 2

_12_

Día 3

_13_

Día 4

_14_

Día 5

_15_

Día 6

_16_

Día 7

_17_

**EL RESUMEN DE
MI SEMANA**

Hora Santa N° 8

En el nombre del Padre
y del Hijo
y del Espíritu Santo.
Amén.

**GRACIAS, SEÑOR, POR ENVIARME
TU AMOR CADA DÍA.**

Déjame ver, para que pueda comprender.
Déjame sentir, para que pueda consolar.
Déjame luchar, para que pueda amar.
Déjame ser un instrumento de tu paz.

**GRACIAS, SEÑOR, POR ENVIARME TU
AMOR CADA DÍA.**

¡Qué bueno y agradable es
cuando vivimos unidos como hermanos!
Ésta es la bendición que mandó el Señor:
Una vida así para siempre.

**COMO CIERVO SEDIENTO EN BUSCA DE UN RÍO,
ASÍ, DIOS MÍO, TE BUSCO A TI.**

(Un canto de alabanza)

ORACIÓN INICIAL

[Palabras de Monseñor Romero a su pueblo de El Salvador:]

Soy el pastor, el hermano, el amigo de este pueblo,
sé de sus hambres y angustias,
y en su nombre yo levanto mi voz para decir:

"No idolatren sus riquezas,
no los salvan dejando morir de hambre a los demás.
Compártanlas para ser felices".

Ayúdame, Padre, a compartir con tu pueblo
lo que soy y lo que tengo
para que mis acciones sean pan de vida para los demás.
¡Hazme luchar con tu pueblo para hacer tu voluntad!
Te lo pido por tu Hijo, Jesucristo.
Amén.

INTRODUCCIÓN AL TEMA

Tony de Mello, el jesuita indio y gran orientador espiritual de nuestra época, una vez dijo:

La vida es la que importa y ella sigue su curso.

Sólo cuando comprendes esto y te acoplas a la unidad, tu vida cobra sentido. (Autoliberación interior.)

El Espíritu de Dios actúa en la vida de nuestro pueblo, y siempre sigue el mismo curso: nos impulsa a luchar constantemente como pueblo por una vida más plena para todos. Nuestras luchas por vivir son *sus* luchas. Y cuando comprendemos esto y nos acoplamos a alguna de ellas, es cuando nuestra vida cobra sentido.

El Espíritu nos llama para unirnos a su lucha. Se oye su voz siempre en el mismo lugar: en las necesidades del pueblo, y desde allí nos llama.

Las necesidades del pueblo son muchas y, por eso, las luchas son distintas. Pero toda lucha verdadera va encaminada a un mismo fin: una mejor calidad de vida en *todos* los aspectos y para *todas* las personas. Cuando nos acoplamos a una de estas luchas por cariño a la gente, nos unimos a la acción del Espíritu. Al usar nuestros talentos para el bien de los demás, experimentamos un cambio interior: nuestra vida cobra sentido, nos surgen desde adentro nuevas fuerzas y gozamos más intensamente la vida. ¡Crecemos socialmente!

Lo curioso es que nadie puede crecer personal ni comunitariamente si no está también creciendo socialmente. Y eso no se comprende hasta que uno lo experimenta. Es como enamorarse: no se sabe qué es hasta que lo prueba. Así también el Espíritu Santo nos lleva a experimentar las sorpresas de una vida más plena cuando nos invita a participar activamente y por amor en la vida del pueblo.

Luego, no es de extrañarse de que *todas* las personas más importantes de la Biblia –¡sin excepción!– habían experimentado un gran crecimiento social en sus vidas. Y todos ellos nos inspiran a seguir el mismo camino; por eso, pues, la Biblia es fuente inspiradora para nuestro propio crecimiento social.

JOSÉ:
UNA HISTORIA QUE ILUMINA NUESTRO CAMINAR

José era hijo de Jacob, quien fue a la vez hijo de Isaac y nieto de Abraham, el Padre de la fe. Jacob –quien también se llamaba *Israel*– tuvo 12 hijos de 4 mujeres distintas. De los descendientes de sus hijos se iban a formar en el futuro las 12 tribus de Israel. Todos sus descendientes se llamarían "israelitas" durante muchas generaciones.

De todos sus hijos, Jacob quería más a dos: José y el pequeño Benjamín. Los consentía porque eran sus hijos más chicos y –sobre todo– porque fueron los únicos hijos que tuvo con Raquel, la esposa a la que más quería.

Cuando José tuvo unos 16 años de edad, era un joven arrogante, mimado y muy pagado de sí mismo. Su padre le regalaba ropa elegante y él la presumía delante de los demás. Era chismoso y siempre llevaba a su padre quejas de la mala conducta de sus hermanos. ¡Claro, sus hermanos llegaron a odiarlo y ni siquiera lo saludaban!

Pero la gota que derramó el vaso de agua fue cuando José empezaba a soñar que era más importante que todos, incluyendo a sus propios papás. Para sus hermanos… ¡ya era insoportable!

Poco tiempo después, José fue mandado por su padre a acompañar a sus hermanos quienes estaban cuidando las ovejas en un lugar muy lejano. Pero cuando José los encontró, ellos lo vieron venir a lo lejos y, antes de que se acercara, hicieron planes para matarlo. Lo agarraron, le quitaron su ropa elegante y lo tiraron a un pozo seco en aquel lugar solitario en medio del desierto y lo iban a dejar ahí para morir.

Pero, en eso, pasó por el mismo lugar una caravana de comerciantes montados sobre sus camellos, la cual iba camino de Egipto. Los hermanos pensaron rápidamente y decidieron que era mejor vender a José como esclavo que matarlo porque, después de todo, era su hermano. Lo sacaron del pozo y lo vendieron a los comerciantes por unas 20 monedas. Y así fue llevado José a Egipto.

Después, los hermanos de José mataron un cabrito y, con su sangre, mancharon la ropa de José y se la entregaron a su padre. Jacob quedó profundamente triste al pensar que un animal salvaje lo había matado y nada ni nadie podía consolarlo. Ahora, sólo le quedaba Benjamín, su niño tierno, y lo iba a cuidar de más.

Por otro lado, José tuvo que enfrentar por primera vez la vida por sí solo. Dejó de ser "el consentido" –la única experiencia de vida que tuvo a lo largo de sus 16 años– y comenzó a ser "un nadie", igual a los animales de carga que se vendían en el mercado y con el mismo destino: trabajar hasta morir.

Una vez en Egipto, José fue comprado como esclavo por Potifar, quien era funcionario del rey egipcio y capitán de su guardia. Durante el día, José tenía que cumplir las órdenes tanto de su dueño como de sus capataces, quienes lo tenían trabajando tanto en el campo como en la casa. Por la noche, José dormía con los otros esclavos en unos cuartuchos junto a los corrales de los animales. Muchas ideas pasaron por su mente: quería escaparse, quería sobrevivir haciendo el menor trabajo posible e –incluso– quería matarse; pero nada lo convenció. Por fin decidió trabajar excepcionalmente bien con tal de ganar el favor de su dueño. Y así lo hizo. Con el tiempo José iba ganando la simpatía y la confianza de Potifar de tal manera que lo nombró su ayudante personal y mayordomo de su casa y, después, hasta lo nombró encargado de todo lo que poseía, tanto en el campo como en su casa. José llegó a ser un excelente administrador: aprovechó al máximo los bienes de su amo y, a la vez, trató con justicia y bondad a los demás que eran esclavos como él.

Pero un día, todo esto se iba a terminar. La esposa de Potifar se había fijado en José y, durante una de las ausencias de su marido, le exigía a José que se acostara con ella. José no quiso, pero ella seguía insistiendo; hasta comenzó a arrancarle su túnica. José huyó sin ropa. Pero, ella –despechada– llamó a gritos a sus sirvientes y, cuando ellos llegaron, acusó a José diciendo que quiso violarla y les mostró su túnica como una prueba. Claro, cuando regresó Potifar, él agarró a José y lo metió preso en la cárcel del rey. ¡Ahora sí… Ya no había salvación para José!

Un tiempo después, dos funcionarios habían ofendido a su amo, el rey de Egipto, y fueron mandados a la misma cárcel donde estaba José; uno era el copero –el encargado de servirle vino al rey– y el otro era el panadero del rey. Estando en la cárcel, estos dos presos tuvieron sueños muy raros por la noche. En la mañana se despertaron muy preocupados y contaron sus sueños a José. Y él les interpretó sus sueños.

Al copero, José le dijo:

–*En tres días el rey revisará tu caso y te pondrá de nuevo en el mismo trabajo de antes. Cuando esto suceda, acuérdate de mí, y por favor háblale de mí al rey para que me saque de aquí.*

Al panadero, le dijo:

–*En tres días el rey también revisará tu caso y te mandará ahorcar.*

Todo pasó tal como José les había dicho. Sin embargo, el copero no volvió a acordarse de José.

Pero, dos años más tarde, el rey de Egipto tuvo un sueño que lo dejó intranquilo. Nadie pudo interpretarlo. En eso, el copero se acuerda de José y el rey lo manda traer. Estando José, el rey le dijo:

–*En mi sueño, yo estaba de pie a la orilla del río Nilo, y del río salieron 7 vacas gordas y hermosas, que comían hierba entre los juncos. Detrás de ellas salieron otras 7 vacas, muy feas y flacas. ¡Jamás había visto yo vacas tan feas en todo Egipto! Y estas vacas flacas se comieron a las primeras 7 vacas gordas. Pero, aunque ya se las habían comido, nadie podría haberse dado cuenta porque seguían tan flacas y feas como antes.*

Entonces José le contestó:

–Las 7 vacas gordas son 7 años, igual que las 7 vacas feas y flacas que salieron detrás de las otras. Su majestad... Van a venir 7 años de mucha abundancia en todo Egipto, y después vendrán 7 años de escasez. Y será tan grande la escasez, que no quedarán señales de la abundancia que antes hubo. Tomando en cuenta todo esto, sugiero a su majestad que haga lo siguiente: nombre gobernadores que vayan por todo el país y recojan la quinta parte de todo el trigo cosechado en Egipto y que lo guarden en graneros en todas las ciudades para que la gente no muera de hambre durante los 7 años de escasez que habrá en Egipto.

Al rey le pareció tan sensato todo lo que le había sugerido José que hasta le pidió su ayuda para administrar el país. Desde este momento José comenzó otra vida. Ya era un hombre libre de nuevo. Hizo tan bien su trabajo que el rey en poco tiempo lo nombró gobernador de todo Egipto. Se casó con la hija de un importante sacerdote egipcio y tuvo con ella 2 hijos: al primero lo llamó *Manasés*, porque dijo: "Dios me ha hecho olvidar todos mis sufrimientos y a todos mis parientes"; y al segundo lo llamó *Efraín*, porque dijo: "Dios me ha hecho tener hijos en el país donde he sufrido".

Pero el sufrimiento había cambiado a José; ya no buscaba sus propios intereses ni ser consentido por los demás. Ahora que entendía lo que era sufrir, era justo y muy compasivo con toda la gente, especialmente con los esclavos y con la gente más pobre. Al comenzar los 7 años de escasez, José hizo todo para que nadie en Egipto pasara hambre. Además, abrió los graneros a toda la gente que venía de otros países porque tampoco tenía qué comer. Ahora, era él quien estaba "consintiendo" a los demás.

La escasez y el hambre llegaron a la tierra de Canaán, donde vivía Jacob y su familia. En cuanto ellos oyeron la noticia de que había trigo en Egipto, todos los hijos de Jacob –menos Benjamín– fueron rápidamente allá para comprar lo que necesitaban; pues el hambre era cada vez peor.

Al llegar ellos a la capital de Egipto, se presentaron ante los oficiales egipcios a la entrada del granero. José estaba ahí y reconoció a sus hermanos en cuanto los vio; pero hizo como que no los conocía.

Durante tantos años José se había preguntado a sí mismo qué iba a sentir y qué iba a hacer si se encontrara algún día con alguno de sus hermanos. Siempre pensaba que iba a sentir un odio muy grande por todo lo que le habían hecho y que los iba a rechazar con toda su fuerza. Y ahora, en vez de un hermano, tenía a todos sus hermanos delante de él. Pero –al ver sus caras desfiguradas por el hambre y su ropa sucia y miserable– de pronto experimentó que su rencor había desaparecido. Se compadeció de ellos. En el fondo de su corazón el amor había vencido al odio. Luego, José les dijo quién era y preguntó por su padre y por su hermano Benjamín.

Al principio los hermanos de José estaban tan asustados por estar delante del hermano que habían tratado de matar, que no podían ni hablar. Pero cuando José, llorando, abrazó a cada uno de ellos con tanto cariño, su miedo desapareció.

José los recibió en su propia casa y después mandó traer a su padre, a su hermano Benjamín y a las familias de sus hermanos para que todos pudieran vivir en Egipto, porque todavía faltaban cinco años más de hambre en toda la región.

Gracias a José, Jacob y toda su familia pudieron salvar sus vidas. José llegó a ver que –de verdad– era un instrumento de Dios no sólo en la vida de su familia, sino también en la vida del gran pueblo egipcio y de los otros pueblos igualmente afectados por el hambre. José dejó su huella en la historia de la humanidad; sin su aporte positivo, su familia hubiera muerto, el mundo hubiera sufrido demasiado y la historia hubiera sido diferente.

Todo esto fue posible porque José enfrentó la vida –con todos sus problemas y conflictos– y la vida cambió a José. Lo cambió de "consentido" a "consentidor". Y, al buscar el bien de los demás, José –¡por fin!– encontró su propia realización humana y felicidad.

(Un canto relacionado con algún aspecto de esta historia)

PERO DESDE EL DÍA EN QUE SUS HERMANOS LO VENDIERON COMO **ESCLAVO**...

JOSÉ FUE RECHAZADO Y MALTRATADO.

PERO... MIENTRAS **MÁS** SUFRÍA...

... **MÁS** COMPRENDÍA CÓMO SUFRÍAN **TAMBIÉN** LOS DEMÁS ... Y MÁS COMPASIÓN Y CARIÑO LES TENÍA.

AHORA **JOSÉ** BUSCABA LA FELICIDAD **DE ÉL** ... ¡Y **TAMBIÉN** DE LOS DEMÁS!

Y EMPEZABA A ENRAIZARSE Y A CRECER.

UNA VEZ LIBERADO, EN VEZ DE HUIR DE EGIPTO DONDE HABÍA SUFRIDO TANTO, **JOSÉ** SE QUEDÓ PARA **SERVIR** A ESTE PUEBLO POBRE, AL CUAL AHORA AMABA.

GRANERO

JOSÉ BUSCABA HACER **FELICES** A LOS DEMÁS... Y **¡SÓLO ASÍ** LOGRÓ **SER FELIZ ÉL MISMO!**

ESTABA BIEN ENRAIZADO; CRECIÓ Y DIO MUCHO FRUTO.

AL CRECER **Socialmente...** SIEMPRE NOS ENCONTRAREMOS METIDOS EN MEDIO DE **DOS** LUCHAS:

 1

EN LA LUCHA ANTE LOS PROBLEMAS DE LA VIDA:

EL **ESPÍRITU DE DIOS** NOS HARÁ	LA **FUERZA DEL PECADO** NOS HARÁ

ENFRENTARLOS ⟷ HUIR DE ELLOS

Y SOLUCIONAR LO QUE SE PUEDE O ACEPTAR LO QUE NO SE PUEDE SOLUCIONAR PARA AYUDARNOS A:	Y BUSCAR ESCAPES COMO:

ESTAR BIEN

SE DICE: " YO SOY LIBRE DE HACER LO QUE QUIERA." ES CIERTO, PERO NO TODO CONVIENE ... NO DEBO DEJAR QUE NADA ME DOMINE. (1 COR 6, 12)

Y BUSCAR ESCAPES COMO:
- EL ALCOHOL
- LA INFIDELIDAD
- LAS DROGAS
- LA RELIGIÓN SIN COMPROMISO SOCIAL
- DEJAR TODO "PARA MAÑANA "...
- EL SUICIDIO

PARA OLVIDARNOS DE TODO Y SÓLO:

 **"SENTIRNOS BIEN UN RATO"**

EN LA LUCHA PARA BUSCAR EL BIEN:

EL **ESPÍRITU DE DIOS** NOS HARÁ BUSCAR	LA **FUERZA DEL PECADO** NOS HARÁ BUSCAR
EL BIEN COMÚN POR ENCIMA DEL **BIEN INDIVIDUAL** ⟷	**EL BIEN INDIVIDUAL** POR ENCIMA DEL **BIEN COMÚN**

SE DICE: "UNO ES LIBRE DE HACER LO QUE QUIERA." ES CIERTO, PERO... NO TODO AYUDA AL **CRECIMIENTO ESPIRITUAL.**

NO HAY QUE BUSCAR EL BIEN DE UNO MISMO, SINO EL BIEN DE LOS DEMÁS.
(1 COR 10, 23)

Y NOS HARÁ ESCOGER:
- EL PARTIDO POLÍTICO
- LAS PRÁCTICAS RELIGIOSAS
- EL NOTICIERO...

QUE **MÁS JUSTIFICAN** NUESTRAS INTENCIONES

Y NOS HARÁ TENER

PREJUICIOS CONTRA TODOS LOS QUE BUSCAN EL BIEN COMÚN.

CUANDO UNO HUYE DE LAS RESPONSABILIDADES DE SU VIDA CON LOS DEMÁS ... Y BUSCA **SÓLO** SU PROPIA FELICIDAD... **¡NO AMA!** DEJA QUE EL PECADO LO DOMINE ... Y SE DESTRUYE TANTO A SÍ MISMO COMO A LOS DEMÁS. (UNA MANZANA PODRIDA ECHA A PERDER TODAS LAS MANZANAS DE LA CANASTA.)

CUANDO UNO AMA A LA GENTE, BUSCA EL BIENESTAR DE TODOS.

CUANDO ACTÚA POR AMOR, BUSCA EL BIEN **JUNTO** CON LOS DEMÁS, Y SUS ACCIONES SIEMPRE DAN FRUTOS BUENOS.

... ESTOS FRUTOS SON **LAS SEMILLAS** DE UN FUTURO MEJOR.

¿CÓMO ANDA **TU** CRECIMIENTO SOCIAL? ¿CÓMO ESTÁN **TUS** FRUTOS? ¿POR QUÉ?

MEDITACIÓN Y DISCERNIMIENTO ESPIRITUAL

1) Un momento en silencio para meditar sobre lo que más te gustó de la historia de José o de la catequesis. ¿Por qué te gustó?

2) Reflexión a partir de una lectura de la Biblia:

Jesús dijo: *Si alguno quiere ser discípulo mío, olvídese de sí mismo, cargue con su cruz cada día y sígame. Porque el que quiera salvar su vida, la perderá. Pero el que pierda la vida por causa mía, la salvará. ¿De qué le sirve al hombre ganar el mundo entero, si se pierde o se destruye a sí mismo?* (Lc 9, 23-25).

−¿Qué tienen que ver estas palabras de Jesús con la vida de José?

−¿Qué tienen que ver con tu vida?

−¿Cuál aporte estás dando ahora al caminar de la humanidad? ¿Lo haces por un amor sincero a las personas a quien estás sirviendo? ¿En qué se nota?

3) Discernimiento espiritual:

−*ver:* Releer todo lo que escribiste sobre tus estados de ánimo durante la semana pasada.

−*escuchar:* Escoger el estado de ánimo que *más* se ha repetido. (¡Es ahí donde Dios ahora te habla a ti!)

−*comprender:* ¿Hasta dónde te llevan tus sentimientos y por qué?

−*discernir:* ¿Por dónde te quiere llevar el Espíritu de Dios?

−después, *actuar* junto con el Espíritu (por amor y con paz en el corazón).

4) Oración: platica todo esto con el Señor y escucha cómo te habla al corazón.

5) Compartir la fe: platicar todos acerca de sus reflexiones y de los frutos de su oración.

SALMO 112

**FELIZ EL HOMBRE QUE HONRA AL SEÑOR
Y SE COMPLACE EN SUS MANDATOS.**

Los descendientes de hombre honrado
serán bendecidos y tendrán poder en la tierra.
En su casa hay abundantes riquezas,
y su generosidad es constante.
Es como una luz en la oscuridad,
que brilla para los hombres honrados.
Es compasivo, tierno y justo.
El hombre de bien presta con generosidad
y maneja con honradez sus negocios;
por eso jamás llegará a caer.
¡El hombre justo será siempre recordado!
No tiene miedo de malas noticias;
su corazón está firme, confiado en el Señor.

**FELIZ EL HOMBRE QUE HONRA AL SEÑOR
Y SE COMPLACE EN SUS MANDATOS.**

¡EL HOMBRE JUSTO SERÁ SIEMPRE RECORDADO!

SALMO 23

EL SEÑOR ES MI PASTOR; NADA ME FALTARÁ.

Me hace descansar en verdes pastos,
me guía a arroyos de tranquilas aguas,
me da nuevas fuerzas
y me lleva por caminos rectos,
haciendo honor a su nombre.

EL SEÑOR ES MI PASTOR; NADA ME FALTARÁ.

Aunque pase por el más oscuro de los valles,
no temeré peligro alguno,
porque tú, Señor, estás conmigo.
Tu vara y tu bastón me inspiran confianza.

El Señor es mi pastor, nada me falta.
me has preparado un banquete
ante los ojos de mis enemigos;
has vertido perfume en mi cabeza,
y has llenado mi copa a rebosar.
Tu bondad y tu amor me acompañan
a lo largo de mis días,
y en tu casa, Señor, por siempre viviré.

EL SEÑOR ES MI PASTOR; NADA ME FALTARÁ.

TU BONDAD Y TU AMOR ME ACOMPAÑAN SIEMPRE.

PETICIONES

Dios de Abraham, Isaac y Jacob
y de toda la humanidad,
tu me has llamado
para servir a tu pueblo.
Ayúdame a hacerlo con amor,
con sabiduría y con valentía.
Por eso me uno a toda la Iglesia
para hacerte estas peticiones:

Ayúdanos a buscar el bien común por encima del bien
individual.
* *Te lo pedimos, Señor, para el bien de tu pueblo.*

Ayúdanos a caminar juntos con diálogo y con respeto.
* *Te lo pedimos, Señor, para el bien de tu pueblo.*

Protege y anima a todos los que luchen por el bienestar del pueblo.
* *Te lo pedimos, Señor, para el bien de tu pueblo.*

* (otras peticiones)

Escucha, Señor, todo lo que te hemos pedido,
y concédenos lo que nos ayudará
a responder mejor a tu llamado.
Te lo pedimos por tu Hijo, Jesucristo.
Amén.

(Rezar juntos el *Padrenuestro*)

ORACIÓN A MARÍA

María, nuestra Madre,
sentimos tu presencia entre nosotros.
Tu cariño y tu ejemplo nos animan;
tu intercesión nos salva.

Te hiciste profeta, María,
cuando tus ojos comenzaban a mirar
más allá de "lo tuyo"
y empezabas a encontrar a Dios
actuando a favor de su pueblo.
Por eso exclamaste:

Dios tiene siempre misericordia
de quienes lo reverencian.
Actuó con todo su poder,
deshizo los planes de los orgullosos,
derribó a los reyes de sus tronos
y puso en alto a los humildes.
Llenó de bienes a los hambrientos
y despidió a los ricos con las manos vacías.
Ayudó al pueblo de Israel, su siervo,
y no se olvidó de tratarlo con misericordia.
Así lo había prometido a nuestros antepasados,
a Abraham y a sus futuros descendientes.

Ayúdanos, María, a ser profetas también.
Ayúdanos a escuchar la voz de Dios
en la vida de nuestro pueblo.
Ayúdanos a interpretar los hechos
para hallar y hacer la voluntad de Dios.

María, nuestra Madre,
sentimos tu presencia entre nosotros.
Tu cariño y tu ejemplo nos animan;
tu intercesión nos salva.

(Rezar juntos el *Avemaría*)

ORACIÓN FINAL

(Un momento de silencio para pensar en una sola frase que capte
lo que *más* te ha impactado durante esta "Hora Santa". Se comparten las frases.)

Que el Señor nos bendiga,
que nos dé las fuerzas para seguir su llamado,
y que nos lleve a una vida plena
tal como nos lo había prometido
desde los tiempos de Abraham hasta ahora.
Amén.

(Un canto final)

Día 1

Día 2

Día 3

Día 4

Día 5

Día 6

Día 7

**EL RESUMEN DE
MI SEMANA**

HORA SANTA N° 9

En el nombre del Padre
y del Hijo
y del Espíritu Santo.
Amén.

ORACIÓN INICIAL

(Salmo 42)

Como ciervo sediento en busca de un río,
Así, Dios mío, te busco a ti.

Tengo sed de ti, Dios de la vida,
pues sólo tú llenas mi vida de alegría.

¿Por qué voy a desanimarme?
¿Por qué voy a estar preocupado?
Mi esperanza he puesto en Dios,
¡y sólo a él seguiré!

Envíame tu luz y tu verdad
y enséñame el camino que me llevará a ti;
envíame tu amor y tu fuerza
y anímame siempre a buscarte y a seguirte.
Pues sólo tú, mi Dios, llenas mi vida de alegría.

¿Por qué voy a desanimarme?
¿Por qué voy a estar preocupado?
Mi esperanza he puesto en Dios,
¡y sólo a él seguiré!

(Un canto relacionado con este salmo.)

INTRODUCCIÓN AL TEMA

Todos tenemos una sed insaciable de Dios.

Podemos reducir a Dios en un mero "ideal". Al hacer esto, nos esforzaremos por "cumplir" con este ideal y exigiremos que los demás lo hagan también. Las exigencias nos serán *más importantes* que el amor.

Cuando esto nos pasa, le cerramos la puerta a Dios. No nos dejamos ser impactados por su amor. No crecemos espiritualmente y... *¡nos morimos de sed!*

O podemos buscar a Dios en la vida. Allí lo encontraremos. Y experimentaremos el impacto liberador y creador de la fuerza de su amor. Al vivir esta experiencia, dejamos de cumplir las exigencias "a la fuerza" y comenzamos a responder al amor con todo nuestro amor.

Cuando eso nos pasa, le abrimos la puerta a Dios y lo dejamos hacer maravillas en nosotros y por medio de nosotros. Crecemos espiritualmente –y en todos los demás aspectos de nuestra vida– porque...

¡BEBEMOS DEL MANANTIAL DE AGUA VIVA QUE BROTA DEL AMOR DE DIOS!

Podemos creer en un "ideal" de Dios cuando queramos hacerlo. Pero nunca podremos creer en Dios vivo hasta que nos hayamos sentido liberados por Él en carne propia. Por lo tanto, podríamos decir lo siguiente:

No tenemos una verdadera fe en Dios hasta que experimentemos *personalmente* su amor.

Esto se ve claramente en la Biblia. Llegó el día en que todos los israelitas conocieron sensiblemente a Dios; eso fue cuando él los liberó de la esclavitud en Egipto. Desde aquel momento Dios ya no era para ellos una "idea"... sino una realidad. Y cuando hablaban con Dios, decían: *"tú, Señor, que nos liberaste"* o *"mi Dios, tú que nos sacaste de Egipto"*. Esta experiencia de liberación fue la base de la fe de todo el pueblo de Israel... y, ¡claro, fue el primer libro escrito de toda la Biblia!

En el libro del Éxodo (donde se encuentra esta narración en la Biblia) aparece un joven, llamado por Dios para colaborar en la liberación de su pueblo. Este joven se llamó Moisés y su historia nos ayudará mucho para crecer espiritualmente.

MOISÉS:
UNA HISTORIA QUE ILUMINA NUESTRO CAMINAR

Gracias a José, el Hijo de Jacob, los israelitas pudieron sobrevivir los años de hambre en Egipto. Luego, se acomodaron en su nuevo país y ya no pensaban más en regresar a las tierras que habían dejado en el país de Canaán. Con el tiempo, los descendientes de Abraham, Isaac y Jacob llegaron a ser 12 muy numerosas tribus.

Pero su buena suerte no duró para siempre. Hubo un cambio violento en la política de Egipto; el pueblo se levantó y derrocó al gobierno. El nuevo rey (o faraón) aplastó y marginó a todos los colaboradores del anterior régimen; entre ellos se encontraban los israelitas. El ejército del faraón los separó del resto de la población y los esclavizó; fueron forzados a hacer los trabajos más duros como la construcción de las pirámides. Los egipcios los odiaban por ser extranjeros y, a la vez, les tenían miedo porque eran muy numerosos. Pero muy pronto el nuevo gobierno encontró un modo para controlar el crecimiento del pueblo de Israel: durante unos años el faraón mandó matar a todos sus niños varones recién nacidos.

Fue en aquel tiempo que nació Moisés. Su mamá, temiendo que los soldados fueran a llegar en cualquier momento, en su desesperación puso al niño dentro de una canasta y la dejó en la corriente fuerte del río Nilo. Su única esperanza era que alguna madre egipcia descubriera a su hijito, se compadeciera de él y lo recogiera como suyo. Le dijo a una hermana del niño que se quedara a cierta distancia, y que estuviera al tanto de lo que pasara con él.

En eso, la hija del faraón bajó a bañarse al río y, mientras sus sirvientas se paseaban por la orilla, ella vio la canasta entre los juncos. La abrió y vio que adentro había un niño llorando, se compadeció de él y dijo:

—*Éste es un niño israelita.*

En eso se le acercó la hermana del niño y le dijo:

—*¿Le parece a usted bien que llame a una nodriza israelita para que dé el pechó a este niño?*

165

—Ve por ella. Contestó la hija del faraón.

Entonces la muchacha fue por la madre del niño, y la hija del faraón le dijo:

—Toma a este niño y críamelo, y yo te pagaré por tu trabajo.

La madre del niño se lo llevó y lo crió, y cuando ya era un joven se lo entregó a la hija del faraón, la cual lo adoptó como hijo suyo y lo llamó *Moisés*, pues dijo:

—Yo lo saqué del agua.

Moisés, siendo ya hombre, salió un día a visitar a sus hermanos de raza y, de pronto, vio que un egipcio estaba golpeando a un israelita. Moisés se enfureció y mató al egipcio. Luego, tuvo que huir al desierto antes que lo agarraran los soldados. Y allá se quedó. Se casó y pasaba el tiempo cuidando las ovejas de su suegro Jetró.

Un día Moisés llegó hasta el monte Horeb. Y allí vio una llama de fuego en medio de una zarza. Moisés se fijó bien y se dio cuenta de que la zarza ardía, pero no se consumía. Y, al acercarse, el Señor lo llamó desde la zarza:

—¡Moisés, Moisés!

—Aquí estoy. Contestó Moisés.

Entonces Dios le dijo:

—Yo soy el Dios de tus antepasados. Soy el Dios de Abraham, de Isaac y de Jacob.

Moisés se cubrió la cara, pues tuvo miedo de mirar a Dios, pero el Señor siguió diciendo:

—He visto claramente cómo sufre mi pueblo que está en Egipto. Voy a sacarlos del poder de los egipcios y llevarlos a una tierra buena, donde hay leche y miel. Ponte en camino, porque te voy a enviar ante el faraón para que saques de allí a mi pueblo.

Moisés le dijo a Dios:

—Pero, ¿quién soy yo para presentarme ante el faraón y sacar de Egipto a los israelitas?

Y Dios le contestó:

—Yo estaré contigo.

Pero Moisés le respondió:

—El problema es que si yo voy y les digo a los israelitas: "el Dios de sus antepasados me ha enviado a ustedes", ellos me van a preguntar: "¿cómo se llama? Y, entonces, ¿qué les voy a decir?"

Y Dios le contestó:

—Yo Soy el que soy. Y dirás a los israelitas: "Yo Soy me ha enviado a ustedes; es el mismo Dios de Abraham, de Isaac y de Jacob".

Pero Moisés volvió a hablar:

—¡Ay, Señor! Yo no tengo facilidad de palabra. Siempre que hablo, se me traba la lengua.

Pero el Señor le contestó:

—¿Y quién le ha dado la boca al hombre? ¿Quién si no yo lo hace mudo, sordo, ciego, o que pueda ver? Así que, anda, que yo estaré contigo cuando hables, y te enseñaré lo que debes decir.

Moisés regresó a casa de su suegro, tomó a su esposa y a su hijo, los montó en un asno y regresó a Egipto. Allá Moisés buscó a su hermano Aarón y le contó todo lo que le había pasado. Luego fueron los dos a reunirse con los ancianos y con los demás dirigentes de las tribus de Israel. Todos ansiaban liberarse de su cruel esclavitud.

Moisés y Aarón, en representación de su pueblo, fueron al palacio para negociar la salida de su pueblo. No sólo fueron rechazados, sino que los funcionarios egipcios hicieron que los israelitas tuvieran que aguantar todavía más trabajos a causa de los intentos de Moisés y Aarón. Querían los egipcios que el pueblo israelita rechazara a sus propios líderes. Y así pasó. Aunque muchos seguían apoyando a Moisés y Aarón, muchos otros ahora empezaron a quejarse y apartarse de ellos.

Pero Dios mismo reanimaba a Moisés quien, junto con su hermano, logró mantener al pueblo en su lucha por la libertad. Por otro lado, Dios iba quebrantando la resistencia de los egipcios por medio de varias plagas, enfermedades y otras desgracias. Pero la fortaleza de los egipcios se rompió definitivamente cuando muchos de sus hijos murieron repentinamente. Entonces los egipcios hasta apuraron a los israelitas para que se fueran pronto de su país, pues pensaban que todos iban a morir.

Por su parte, los israelitas estaban listos. Cenaron de prisa y se fueron rápido con todas sus ovejas y vacas.

Después de viajar unos días, los israelitas acamparon en una barra de arena entre el mar y los pantanos. De pronto, desde ahí se distinguía a lo lejos el polvo que estaba levantando la caballería del ejército egipcio, (pues el faraón había cambiado de opinión y ahora quería esclavizarlos otra vez). El pánico se apoderó del pueblo de Israel; no había dónde esconderse ni a dónde escapar. Moisés se impuso e hizo que el pueblo orara a Dios para que los salvara. En aquel momento cambió el viento y sopló desde el sur tan fuerte que dejó un camino por los pantanos. Los israelitas cruzaron entre las aguas. Pero, antes de que llegara el ejército egipcio, se cambió fuertemente el viento de nuevo. Las aguas regresaron a su cauce. Y los egipcios que trataban de cruzarlas, se ahogaron. Entonces Míriam, la hermana de Aarón, tomó una pandereta y, junto con las otras mujeres, cantaban alabanzas a Dios quien los había liberado de su esclavitud. Todos gritaban:

¡DIOS NOS SACÓ DE EGIPTO!

Todo el pueblo había experimentado sensiblemente la presencia de Dios entre ellos.

Después de esto, Moisés, con la ayuda de Dios, seguía conduciendo a su pueblo hacia una tierra y una vida mejor... Hacia *"la tierra prometida"*. El pueblo de Israel nunca jamás iba a olvidar que Dios era *"el que los había liberado de la esclavitud en Egipto"*. Y lo recordaba cada año al celebrar la cena de la pascua. [Esta narración fue tomada del libro de Éxodo.]

(un canto relacionado con algún aspecto de esta historia)

UNA CATEQUESIS

VAMOS A VER CÓMO LA EXPERIENCIA DE DIOS QUE TUVO **ABRAHAM** ... LE AYUDÓ A **MOISÉS** PARA QUE ÉL TAMBIÉN ENCONTRARA A **DIOS VIVO**

1 ABRAHAM PENSABA QUE DIOS ... EXIGÍA LA MUERTE DE SU HIJO

2 PERO ÉL QUERÍA TANTO A SU HIJO... QUE **NO** PUDO SACRIFICARLO.

MOISÉS TAMBIÉN CREÍA EN EL DIOS DE ABRAHAM ... Y POR ESO ESPERABA UNA **VIDA MEJOR**

QUERÍA ACABAR CON LOS SUFRIMIENTOS DE SU PUEBLO... PERO **NO** PUDO Y HUYÓ.

MOISÉS NOS ENSEÑA QUE SI VAMOS A CRECER ESPIRITUALMENTE...
¡TENEMOS QUE LUCHAR PARA LIBERARNOS!

③ AL COMPRENDER QUE DIOS QUERÍA **LA VIDA** Y **NO** LA MUERTE...

④ ROMPIÓ CON LAS IDEAS QUE LO **ESCLAVIZABAN** Y EXPERIMENTÓ **LA VIDA DE DIOS**

YO CREO EN DIOS DE LA **VIDA**

...Y CRECIÓ ESPIRITUALMENTE

⑤ SUS DESCENDIENTES CREYERON EN EL DIOS DE **ABRAHAM** ...Y CONFIARON EN ÉL Y EN SU AMOR PARA CON ELLOS

AL COMPRENDER QUE DIOS LO LLAMABA A LUCHAR POR LA VIDA DE SU PUEBLO...

ESCL NOS

REGRESÓ Y LUCHÓ CONTRA LA ESCLAVITUD JUNTO CON LOS DEMÁS... HASTA EL MOMENTO EN QUE DIOS LOS **LIBERÓ**...

Y TODOS CRECIERON ESPIRITUALMENTE

DESDE AQUEL DÍA, DIOS ERA PARA EL PUEBLO: ¡**EL QUE NOS LIBERÓ**!

DIOS VIVE Y NOS LIBERA PARA QUE PODAMOS **VIVIR**.

EN **LA BIBLIA** ESTÁN NARRADAS LAS EXPERIENCIAS QUE DIVERSAS PERSONAS TUVIERON DE **DIOS**... COMO LA EXPERIENCIA DE **ABRAHAM** LE AYUDÓ A **MOISÉS** ... ASÍ TAMBIÉN ELLAS NOS AYUDARÁN A NOSOTROS.

PERO...

¡OJO!

HAY DIFERENTES MODOS DE LEER **LA BIBLIA**... ¡Y **NO** TODOS ELLOS NOS AYUDARÁN A **CRECER ESPIRITUALMENTE!**

LAS **"4 DOÑAS"** NOS EXPLICARÁN ESTO CON MUCHA CLARIDAD:

DOÑA RÍGIDA DICE:

HAY QUE CREER Y OBEDECER **TODO** LO QUE ESTÁ ESCRITO EN LA BIBLIA PORQUE ES LA PALABRA DE DIOS.

...Y SI UNO **NO** LO HACE, ¡SERÁ CONDENADO!

¿ESCUCHA LO QUE SIENTE?

¡NO! ... POR ESO **NO** ENCUENTRA A DIOS DE LA VIDA... Y HACE QUE "UN LIBRO" SEA "SU DIOS".

¿QUÉ BUSCA?

SENTIRSE BUENA Y SALVA. SI CUMPLE, ES BUENA; SI NO, NO... ¡Y "DIOS POLICÍA" LA CASTIGARÁ!

ES COMO **EL FARISEO** QUE QUERÍA **MATAR** A LA MUJER ADÚLTERA ... PORQUE "ASÍ DECÍA LA BIBLIA"

DOÑA ANGÉLICA DICE:

USO LA BIBLIA PARA ACERCARME A DIOS ¡Y PARA ALEJARME DE TODO LO MUNDANO!

¿ESCUCHA LO QUE SIENTE?

¡SÍ!... PERO NO LE INTERESA LO QUE SIENTAN LOS DEMÁS. POR ESO NO HACE LO QUE DIOS QUIERE.

¿QUÉ BUSCA?

"USAR A DIOS" COMO SI FUERA UNA DROGA PARA AYUDARSE A SÍ MISMA A "SENTIRSE BIEN"

ES COMO AMASÍAS... QUE SE PREOCUPABA SÓLO POR "LO SUYO".

③

DOÑA DOGMÁTICA DICE:

YO TENGO LA RAZÓN ...Y USO LA BIBLIA PARA COMPROBARLO.

LA BIBLIA

¿ESCUCHA LO QUE SIENTE?

¡NO!... SÓLO ESCUCHA SUS PROPIAS IDEAS Y SÓLO HACE SUS PROPIOS PROYECTOS.

¿QUÉ BUSCA?

¡QUE SE HAGAN LAS COSAS A **SU** MANERA!

ES COMO JEZABEL... QUIERE SIEMPRE "SALIRSE CON LA SUYA"

④ **DOÑA LUZ** DICE:

LAS EXPERIENCIAS DE DIOS ESCRITAS EN LA **BIBLIA**...

ME AYUDAN A MÍ A DESCUBRIR **TAMBIÉN CÓMO DIOS VIVO** ESTÁ ACTUANDO AHORA MISMO EN **NUESTRA VIDA.**

¿ESCUCHA LO QUE SIENTE?

¡CLARO QUE SÍ!... ES LO PRIMERO QUE HACE PORQUE QUIERE HALLAR A **DIOS VIVO** Y **NO** "UNA IDEA DE DIOS".

¿QUÉ BUSCA?

ENTREGARSE AMOROSAMENTE A DIOS... VIVIENDO PLENAMENTE JUNTO CON LOS DEMÁS.

ES COMO MOISÉS... DEJA QUE LAS EXPERIENCIAS DE **OTROS** LA ORIENTEN HACIA DIOS.

PUES...
PARA CRECER
ESPIRITUAL-
MENTE,
HAY QUE LEER
LA BIBLIA
COMO
DOÑA LUZ...

¡DIOS
NOS SACÓ
DE EGIPTO!

MOISÉS CRECIÓ
ESPIRITUALMENTE
DESDE EL MOMENTO EN
QUE **YA NO** CREÍA EN
NINGUNA IDEA DE DIOS
...Y EMPEZABA A CREER
<u>SÓLO</u> EN EL **DIOS** QUE
ESTABA ACTUANDO
EN <u>SU</u> VIDA...

MOISÉS NOS ENSEÑA QUE:

① DIOS NOS LLAMA <u>DESDE</u> LA VIDA PARA
QUITAR TODO LO QUE **NOS IMPIDA VIVIR.**

② <u>SÓLO</u> CUANDO LUCHAMOS **POR VIVIR**
EN LIBERTAD ES CUANDO HALLAMOS A
"DIOS ACTUANDO EN NOSOTROS".

③ ¡SÓLO DIOS ES QUIEN NOS HACE CRECER!

SI CADA
PERSONA
ES COMO UNA

SEMILLA

QUE PUEDE
CRECER...

DIOS ES
COMO LA

SAVIA

QUE ES LA

**VIDA
MISMA**

DEL ÁRBOL.

Y ES LO QUE
HACE QUE LA

SEMILLA

CREZCA
HASTA SER
PLENAMENTE

ÁRBOL

Y QUE DÉ
TODOS SUS

FRUTOS

MEDITACIÓN Y DISCERNIMIENTO ESPIRITUAL

1) Un momento en silencio para meditar sobre lo que más te gustó de la historia de Moisés o de la catequesis. ¿Por qué te gustó?

2) Reflexión a partir de una lectura de la Biblia:

Jesús dijo: *"Una rama no puede dar uvas de sí misma, si no está unida a la vid. De igual manera, ustedes no pueden dar frutos, si no permanecen unidos a mí.*

Yo soy la vida, y ustedes son las ramas. *"El que permanece unido a mí, y yo unido a él, da mucho fruto. Pues sin mí no pueden ustedes hacer nada"* (Jn 15, 4-5)

Entre tus conocidos, piensa en quién ejemplifica mejor a cada una de "las 4 doñas". ¿Qué frutos están dando? ¿Por qué?

Ahora piensa en ti mismo: ¿Como cuál de "las 4 doñas" lees tú la Biblia? ¿Estás conforme? ¿Por qué?

–Moisés nos enseñó lo siguiente: cuando luchamos por liberarnos de algo que nos oprime, siempre hallamos a Dios actuando en nosotros. ¿Contra qué situación tuvo que luchar cada una de las siguientes personas?: Abraham, Salomón, Ester, Amós, Elías, Pablo, Rut y José (el hijo de Jacob). ¿Encontraron a Dios vivo en su lucha? ¿Cómo? ¿Habrían encontrado a Dios si no hubieran luchado?

–¿Y tú… estás luchando por el bien de tu pueblo y de tu gente querida? ¿Cómo? ¿Te han ayudado las experiencias de otros para seguir adelante? ¿Cómo?

3) Discernimiento espiritual:

– *Ver*: Releer todo lo que escribiste sobre tus estados de ánimo durante la semana pasada.

– *Escuchar*: Escoger el estado de ánimo que *más* se ha repetido. (¡Es ahí donde Dios ahora te habla a ti!).

– *Comprender*: ¿Hasta dónde te llevan tus sentimientos y por qué?

– *Discernir*: ¿Por dónde te quiere llevar el Espíritu de Dios?

– Después, *actuar* junto con el Espíritu (por *amor* y con *paz* en el corazón).

4) Oración: platicar todo esto con el Señor y escucha cómo te habla al corazón.

5) Compartir la fe: platicar todo acerca de sus reflexiones y de los frutos de su oración.

SALMO 77

**RECORDARÉ LAS MARAVILLAS
QUE NOS HAS HECHO, SEÑOR.
¡NOS DISTE A CONOCER TU AMOR
POR MEDIO DE TUS OBRAS!**

Con tu poder rescataste a tu pueblo,
a los hijos de Jacob y de José.
¡Oh Dios!, cuando el mar te vio, tuvo miedo,
y temblaron sus aguas más profundas;
las nieves dejaron caer su lluvia,
y hubo truenos en el cielo
y relámpagos por todas partes.
Se oían tus truenos en el torbellino;
el mundo se iluminó con tus relámpagos
y la tierra se sacudió con temblores.
Te abriste paso por el mar;
atravesaste muchas aguas,
pero nadie encontró tus huellas.
Dirigiste a tu pueblo como a un rebaño,
por medio de Moisés y de Aarón.

RECORDARÉ LAS MARAVILLAS QUE NOS HAS HECHO, SEÑOR.
¡NOS DISTE A CONOCER TU AMOR POR MEDIO DE TUS OBRAS!

SALMO 136

Den gracias al Señor,
porque su amor es eterno.

Al que sacó de Egipto a los israelitas,
porque su amor es eterno.

Al que extendió su brazo con gran poder,
porque su amor es eterno.

Al que partió en dos el mar Rojo,
porque su amor es eterno.

Al que hizo pasar a Israel por en medio del mar,
porque su amor es eterno.

Al que hundió en el mar Rojo al faraón y a su ejército,
porque su amor es eterno.

Al que nos recuerda cuando estamos abatidos,
porque su amor es eterno.

Al que nos libra de nuestros enemigos,
porque su amor es eterno.

Al que da de comer a hombres y animales,
porque su amor es eterno.

¡DEN GRACIAS AL DIOS DEL CIELO,
PORQUE SU AMOR ES ETERNO!

PETICIONES

Dios vivo,
ayúdame a ser dócil a tu Espíritu,
que has infundido en mí,
para así responder con amor
a todo el amor que tú me das.
Por eso, me uno a toda la Iglesia
para hacerte estas peticiones:

De todo lo que nos esclavice,
* *libéranos, Señor.*

De las ideas falsas que nos alejan de ti,
* *libéranos, Señor.*

Ayúdanos a crecer en tu espíritu y para eso te decimos:
* *libéranos, Señor.*

* (otras peticiones)

Escucha, Señor, todo lo que te hemos pedido,
y concédenos lo que nos ayudará
a responder mejor a tu llamado.
Te lo pedimos por tu Hijo, Jesucristo.
Amén.

(Rezar juntos el *Padrenuestro*)

ORACIÓN A MARÍA

María, nuestra Madre,
sentimos tu presencia entre nosotros.
Tu cariño y tu ejemplo nos animan;
tu intercesión nos salva.

Cuando Dios te llamó,
por medio del ángel Gabriel,
le contestaste rápido:

Yo soy la esclava del Señor;
que Dios haga conmigo
como me has dicho.

Ayúdanos a responder de igual modo
al llamado que Dios nos hace,
y haz que sintamos lo mismo que cuando dijiste:

Mi espíritu se alegra en Dios, mi salvador,
porque Dios ha puesto sus ojos en mí,
su humilde esclava.
Y desde ahora siempre me llamarán dichosa
porque el todopoderoso ha hecho en mí
grandes cosas. ¡Santo es su nombre!

María, nuestra Madre,
sentimos tu presencia entre nosotros.
Tu cariño y tu ejemplo nos animan;
tu intercesión nos salva.

(Rezar juntos el *Avemaría*)

ORACIÓN FINAL

(Un momento de silencio para pensar en una sola frase que capte
lo que más te ha impactado durante esta "Hora Santa". Se comparten las frases.)

Que el Señor nos bendiga,
que nos dé las fuerzas para seguir su llamado
y que nos lleve a una vida plena
tal como nos lo había prometido
desde los tiempos de Abraham hasta ahora.
Amén.

(Un canto final)

Día 1

Día 2

Día 3

Día 4

Día 5

Día 6

Día 7

**EL RESUMEN DE
MI SEMANA**

Hora Santa N° 10

En el nombre del Padre
y del Hijo
y del Espíritu Santo.
Amén.

ORACIÓN INICIAL

(Salmo 139)
¿A dónde podría ir, Señor, lejos de tu Espíritu?

¿A dónde huiría, lejos de tu presencia?
Si yo subiera a las alturas de los cielos, allí estás tú.
Y si bajara a las profundidades de la tierra, también estás allí.
Si levantara el vuelo hacia el oriente,
o habitara en los límites del mar occidental,
aun allí me alcanzaría tu mano.
¡Tu mano derecha no me soltaría!
Si pensara esconderme en la oscuridad,
o que se convirtiera en noche la luz que me rodea,
la oscuridad no me ocultaría de ti,
y la noche sería tan brillante como el día.
¡La oscuridad y la luz son lo mismo para ti!
¿A dónde podría ir, Señor, lejos de tu Espíritu?

(Un canto de alabanza)

INTRODUCCIÓN AL TEMA

Entre amigos, todo es posible.
Pero, entre dos personas que no se quieren, hasta la más mínima tarea en común difícilmente se puede realizar.

Lo mismo sucede en nuestra relación con Dios.

Cuando nuestra búsqueda de la voluntad de Dios se reduce sólo a un cumplimiento tedioso de muchas exigencias o se convierte en una estéril búsqueda de nosotros mismos y de nuestra propia felicidad, se ve claro que hay poco amor entre nosotros y Dios.

Y, claro, nos frustramos; nos amargamos la vida.

Pero, cuando somos amigos de Dios, con gusto y con satisfacción *luchamos juntos* –pase lo que pase– para realizar su voluntad.

Por eso, si de verdad queremos hallar y hacer la voluntad de Dios, primero debemos propiciar ser amigos de Dios.

EL CRISTIANO, MÁS QUE SER ALGUIEN QUE CREE EN DIOS, ES UN AMIGO DE JESÚS.

Y Jesús nos enseña a ser amigos de su Padre.
Por eso Dios Padre nos mandó a su Hijo.
Por eso su Hijo, con gusto, se hizo hombre:

Para amarnos y para enseñarnos a amarnos
los unos a los otros así como Él nos ama.
(Jesús dijo: *Si se aman los unos a los otros, entonces todo el mundo se dará cuenta de que son discípulos míos.*)

También, por eso, Jesús nos dejó a su Espíritu Vivo: para así acompañarnos todos los días hasta el fin del mundo.

Jesús nos invita personalmente a ser SU amigo.
Si somos amigos de Jesús, somos amigos de Dios.
(Jesús dijo: *Solamente por mí se puede llegar al Padre.*
Jn 14, 6)

Por eso, los testimonios de la vida de Jesús escritos en la Biblia son verdaderos *evangelios* (es decir: *buenas noticias*) porque nos ayudan a conocer a Jesús como realmente es. Y sólo conociendo a Jesús, podremos llegar a amarlo y ser sus amigos. No es de extrañar que san Ignacio de Loyola hacía la siguiente oración antes de leer el Evangelio:

Jesús, ayúdame a conocerte internamente
para que más pueda yo amarte y seguirte.

JESÚS:
LA HISTORIA QUE ILUMINA NUESTRO CAMINAR

(Algunas características de la amistad de Jesús con los demás.)

1) Jesús tomaba la iniciativa: Él escogió a sus amigos, sin preocuparse por lo que iban a pensar los demás.

Jesús caminaba por la orilla del río Jordán. De repente sentía que no estaba solo. Se volvió y, al ver que dos jóvenes pescadores le seguían, les preguntó:

–¿Qué buscan?

Ellos dijeron:

–Maestro, ¿dónde vives?

Fueron, pues, y vieron dónde vivía, y pasaron con él el resto del día. Después llevaron a conocer a Jesús a sus hermanos y amigos (Jn 1, 35-51).

Llegó el momento cuando Jesús los buscó expresamente para decirles: *Síganme, y yo haré que ustedes sean pescadores de hombres* (Mc 1, 16-21).

Al momento dejaron sus redes y se fueron con Él. Eran Andrés y su hermano Simón Pedro; Juan y su hermano Santiago. Luego, sus amigos Felipe y Natanael también aceptaron seguir a Jesús.

Mateo era distinto; era un hombre acomodado, un traidor a la patria (porque cobraba impuestos para Roma) y alguien que no practicaba su religión).

Pero Jesús lo vio en su lugar de trabajo y le dijo: *Sígueme.*

Inmediatamente "la gente buena" comenzó a criticar a Jesús por andar con gente como Mateo. Jesús lo oyó y les dijo: *Yo no he venido a llamar a los* buenos, *sino a los pecadores.* Y les dijo que fueran aprendiendo a ser más compasivos (Mt 9, 9-13).

Jesús siempre defendía a sus amigos.

Jesús siempre escogía a sus amigos (Jn 15, 16) y, como buen amigo, nunca hizo que nadie fuera su amigo "a la fuerza". Así sucedió con el joven rico (Mt 19, 16-30).

2) Jesús necesitaba a sus amigos: ¡OJO! Estamos demasiado acostumbrados a pensar en que *sólo los demás* necesitaban a Jesús. Y, francamente, nos cuesta aceptar que el mismo Jesús –Dios hecho hombre– necesitaba como todo ser humano del apoyo de sus amigos. Esto se ve claro en el Evangelio:

Después de lo que fue la Última Cena, Jesús llevó a los 11 apóstoles que todavía le quedaban a un huerto para orar.

No quería estar solo y se llevó a sus más amigos: a Pedro, Juan y Santiago. Estando con ellos, comenzó a sentirse muy triste y angustiado y les dijo: *Siento en mi alma una tristeza de muerte. Quédense ustedes aquí, y permanezcan despiertos conmigo* (Mt 26, 36-38).

3) Jesús fue influenciado –¡y hasta cambiado!– por sus amigos. Otra vez: ¡OJO! Estamos tan acostumbrados a ver cómo Jesús cambiaba la vida de los demás, que no solemos fijarnos en que los demás –especialmente sus amigos– también influían en la vida de Jesús. Por ejemplo:

Le cambiaron sus planes. Cuando su madre le pidió que hiciera un milagro para que no faltara el vino durante la boda de sus amigos en Caná, Jesús le contestó:

–*Mujer, ¿por qué me dices esto? Mi hora no ha llegado todavía.*

Pero cuando ella le dijo a los que estaban sirviendo:

– *Hagan todo lo que él les diga...* No le quedaba otra. Por amor a su madre, Jesús hizo su primer milagro y comenzó su misión antes de lo que él hubiera querido (Jn 2, 1-12).

Otro ejemplo: Después de que Jesús se había alejado a propósito de la ciudad de Jerusalén para que no lo mataran, regresó porque sus amigos lo necesitaban.

Martha y María lo habían mandado llamar porque su hermano Lázaro se encontraba gravemente enfermo (Jn 11).

Jesús fue siempre fiel a sus amigos.

Le ayudaron a actuar más libremente: la ley de los judíos les prohibía hacer cualquier tipo de trabajo los sábados –¡incluyendo sanar a otra persona!– porque era el día que ellos dedicaban a Dios.

Jesús había cumplido fielmente esta ley hasta aquel sábado en Cafarnaúm cuando se le presentó un endemoniado ahí mismo dentro de la sinagoga; por compasión, lo curó. Luego, al salir de la sinagoga, Jesús fue con Santiago y Juan a la casa de Pedro y Andrés. La suegra de Pedro estaba en cama, con fiebre. Ellos le dijeron a Jesús, y él se acercó y la curó.

Desde aquel día en adelante, Jesús hacía el bien a otros cuando él quería, sin importar ni el día ni las críticas. Y dijo:

– *La ley (del sábado) se hizo para el hombre, y no el hombre para la ley* (Mc 1 y 2).

Lo ayudaron a superar prejuicios: Jesús –como cualquier hombre– estaba condicionado por su pueblo. Los judíos se consideraban superiores a todos los demás porque decían que sólo ellos eran "Los hijos de Dios" y despreciaban a los demás; es más hasta los llamaban "perros".

Jesús también tenía los prejuicios de su raza. Por eso, cuando una mujer de otra raza le pedía a Jesús que curara a su hija, él le contestó así:

–*Deja que los hijos coman primero, porque no está bien quitarles el pan a los hijos y dárselo a los perros.*

Ella le respondió:

–*Sí, Señor, pero hasta los perros comen debajo de la mesa las migajas que dejan caer los hijos.*

El amor de esta madre por su hija le hizo a Jesús recapacitar; comprendió que ella también era una hija de su Padre Dios y le sanó a su hija al momento (Mc 7, 24-30).

4) La amistad que Jesús tenía con sus amigos era todo un proceso:

Tenía sus crisis, sus reconciliaciones y sus crecimientos igual que todas las amistades humanas. Su amistad con Pedro es un ejemplo:

Jesús conoció a Simón e inmediatamente sintió simpatía por él; y al momento le llamó Cefas (Pedro) porque su carácter era tan fuerte como un roca (Jn 1).

Al principio, Pedro se asustaba ante el poder de Jesús. Una vez, después de una pesca milagrosa, se asustó tanto que se arrodilló delante de él y le dijo:

– *Apártate de mí, Señor, porque soy un pecador* (Lc 5). Pero Jesús, en vez de apartarse, lo invitó a vivir y a "pescar hombres" junto con él y con los demás amigos. Pedro no dudó ni un segundo; dejó todo lo que tenía –esposa, casa, trabajo– para seguirlo (Mc 1).

Una noche, en plena tormenta, los apóstoles vieron a Jesús caminar hacia ellos sobre el agua. El único quien se atrevió a caminar hacia Jesús sobre las olas agitadas fue Pedro. Pero, al tener miedo, empezó a hundirse y Jesús lo salvó y le reclamó:

–*¡Qué poca fe tienes! ¿Por qué dudaste?* (Mt 14).

Al día siguiente muchos de los discípulos de Jesús lo dejaron porque no pudieron aceptar sus enseñanzas y hasta los mismos apóstoles estaban tristes y confusos. Cuando Jesús les preguntó:

–*¿También quieren irse ustedes?*

Fue Pedro quien contestó por todos:

–*Señor, ¿a quién iremos? Sólo tú tienes palabras de vida eterna* (Jn 8). Y después, cuando Jesús les preguntó quién era él, otra vez fue Pedro quien le respondió:

–Tú eres el Cristo, el Hijo de Dios viviente.

Y Jesús lo llamó dichoso y le encargó su futura Iglesia (Mt 16).

Pero, a poco tiempo de eso, Jesús les comenzó a explicar a sus apóstoles que ya se iba a morir. Fue entonces cuando Pedro lo llevó aparte y lo reprendió por hablar así. Pero Jesús lo reprendió más fuertemente, diciéndole:

–¡Apártate de mí, Satanás, pues me pones en peligro de caer! Tú no ves las cosas como las ve Dios, sino como las ven los hombres (Mt 16). Al acercarse el final, Jesús le dijo a Pedro:

–Simón, Simón, mira que Satanás los ha pedido a ustedes para sacudirlos como si fueran trigo; pero yo he rogado por ti, para que no te falte la fe. Y tú, cuando te hayas vuelto a mí, ayuda a tus hermanos a permanecer firmes. Pedro le dijo:

–Señor, estoy dispuesto a ir contigo a la cárcel, y hasta a morir contigo. Y Jesús le contestó:

–Pedro, te digo que hoy mismo, antes que cante el gallo, tres veces negarás que me conoces. Y así sucedió (Lc 22).

Aquella misma noche, en el huerto de Getsemaní, ni Pedro ni los otros apóstoles pudieron permanecer despiertos para acompañar a Jesús. Pero, cuando llegaron los soldados a arrestarlos, otra vez el único que hizo algo para proteger a Jesús fue Pedro; sacó su espada y la usó (Jn 18).

Pero no estuvo presente cuando Jesús más lo necesitaba: durante su pasión y muerte. Después de haber negado a Jesús tres veces, Pedro huyó para estar solo y lloró amargamente (Mt 26).

Pero, luego, cuando María Magdalena y las otras mujeres les llevaron la noticia a los apóstoles de que Jesús había resucitado, sólo Pedro y Juan fueron al sepulcro (Jn 20).

A poco rato Jesús se le aparece personalmente a Pedro (Lc 24). Y después, cuando Jesús se les apareció a todos los após- toles a orillas del lago de Galilea, él le preguntó a Pedro si lo quería. Y Pedro, triste porque le hizo tres veces la misma pregunta, le contestó:

–Señor, tú lo sabes todo: tú sabes que te quiero. Entonces, Jesús le encargó el cuidado de todos sus seguidores y le dio a entender que este servicio no le iba a ser fácil. Sus últimas palabras a Pedro fueron:

–¡Sígueme! Y Pedro lo siguió (Jn 21).

Al subir Jesús al cielo, Pedro asumió su encargo y empezó a dirigir a los discípulos y –después de la llegada del Espíritu Santo– a toda la Iglesia (Hech 1 y 2)...
La amistad entre Jesús y Pedro se hizo tan fuerte que ambos dieron su vida por el otro.

5) Jesús compartía con sus amigos su amor por el Padre:

Sin tomar en cuenta esto, no se podría comprender nunca a Jesús Su amor por el Padre es *el secreto* para conocerlo interior- mente. Tanto quería al Padre que su voluntad era hacer la volun- tad de su Padre. Y a todos sus amigos los contagiaba espontánea- mente con este amor, de tal manera que ellos también –a veces sin darse cuenta– empezaban a buscar y hacer la voluntad del Padre, junto con Jesús.

Es importante recordar que el modo de Jesús no era exigirle a la gente que cumpliera cosas, sino más bien invitar personal- mente a cada uno para que fuera su amigo y, a la vez, amigo del Padre. A Pedro y a su hermano Andrés, Jesús les dijo:

–Síganme, y yo haré que ustedes sean pescadores de hom- bres (Mc 1).

EL CRISTIANO ESCOGE LIBREMENTE Y CON GUSTO
SER AMIGO DE JESÚS
CON TODAS SUS CONSECUENCIAS

(Un canto relacionado con la amistad con Jesús)

UNA CATEQUESIS

JESÚS

NOS ENSEÑA QUE DIOS NO ES NINGUNA IDEA... SINO **UN AMIGO** QUE NOS LLAMA A LA AMISTAD SIN LÍMITES.

LA **ORACIÓN** PROPICIA NUESTRA **AMISTAD CON DIOS**

LA ORACIÓN NO ES ...

PLATICAR CONTIGO MISMO

REVISAR TU VIDA

RELACIONARTE CON UNA IDEA ABSTRACTA DE DIOS

DOMINAR TUS SENTIMIENTOS

LA **ORACIÓN** CRISTIANA ES UNA RELACIÓN ENTRE **DOS** PERSONAS... ENTRE **TÚ** Y UN **DIOS** HISTÓRICO, ACTUAL Y PERSONAL.

CON UN DIOS...

HISTÓRICO

PORQUE HACE CASI 2 MIL AÑOS **DIOS SE HIZO HOMBRE** PARA MOSTRARNOS SU AMOR.

Y SE LLAMABA **JESÚS.**

ACTUAL

PORQUE ESE MISMO **JESÚS** RESUCITÓ ... Y **VIVE** Y **ACTÚA** AHORA EN TU VIDA Y EN **TU** MUNDO.

PERSONAL PORQUE...

JESÚS TE AMA ...

TE LLAMA Y ...

TE NECESITA A TI

¡Y **TÚ** NECESITAS A **JESÚS**!

FELICES LOS QUE RECONOCEN SU **NECESIDAD ESPIRITUAL**, PUES EL REINO DE DIOS LES PERTENECE. (MATEO 5, 3)

¿CÓMO SE PUEDE SABER SI ESTAMOS AMANDO A DIOS EN LA ORACIÓN... O SI SIMPLEMENTE ESTAMOS ENGAÑÁNDONOS?

UNOS PIENSAN QUE HAY AMOR SI SIENTEN "ALGO BONITO":

¡GLORIA A DIOS! ALELUYA

TE AMO TE AMO

OTROS PIENSAN QUE HAY AMOR SI DIOS CONTESTA SUS ORACIONES

SEÑOR, HAZ QUE GANE LA LOTERÍA. ... ES TODO LO QUE TE PIDO POR AHORA.

PERO... NO SE PUEDE REDUCIR LA ORACIÓN A MEROS SENTIMIENTOS.

COMO TODA AMISTAD, TU RELACIÓN CON JESÚS TENDRÁ MOMENTOS BUENOS Y OTROS NO TAN BUENOS.

TAMPOCO SE PUEDE REDUCIR LA ORACIÓN A "LO QUE TÚ QUIERES".

ENTRE AMIGOS NO HAY MANIPULACIÓN... HAY APOYO MUTUO PARA SEGUIR ADELANTE.

SN. IGNACIO DE LOYOLA DIJO: "EL AMOR SE DEBE PONER MÁS EN LAS OBRAS QUE EN LAS PALABRAS."

POR LO TANTO, SI NUESTRA ORACIÓN NOS IMPULSA A **ACTUAR** COMO DIOS QUIERE, REALMENTE ESTAMOS HACIENDO ORACIÓN.

JESÚS DIJO: "NO TODOS LOS QUE ME DICEN: 'SEÑOR, SEÑOR', ENTRARÁN EN EL REINO DE DIOS, SINO SOLAMENTE LOS QUE **HACEN** LA VOLUNTAD DE MI PADRE CELESTIAL." (MT 7, 21)

MIENTRAS MÁS CONOZCAMOS A JESÚS... MÁS LO VAMOS A AMAR Y SEGUIR.

CUANDO BUSCAMOS **HACER** JUNTO CON JESÚS LA VOLUNTAD DE SU PADRE... MÁS PRONTO VAMOS A LLEGAR A LA PLENITUD DE NUESTRA AMISTAD CON JESÚS.

"EL AMOR MÁS GRANDE QUE UNO PUEDE TENER ES DAR SU VIDA POR SUS AMIGOS." (JN 15, 13)

AMAR PLENAMENTE A JESÚS ES ENTREGARTE CON TODO TU AMOR A

JESÚS ENCARNADO EN TU PUEBLO—

ESPECIALMENTE EN AQUELLA PARTE DEL PUEBLO QUE MÁS SUFRE — ¡PARA QUE RESUCITE!

"LES ASEGURO QUE TODO LO QUE HICIERON POR UNO DE ESTOS HERMANOS MÍOS MÁS HUMILDES, **POR MÍ MISMO LO HICIERON.**" (MT 25, 40)

4 CONSEJOS PARA TU ORACIÓN:

① PARA AMAR A ALGUIEN...
HAY QUE CONOCERLO.
¡PUES... ES LO MISMO CON JESÚS!

POR ESO, EL CONTACTO DIARIO CON

LA BIBLIA

(EN ESPECIAL CON LOS EVANGELIOS)

ES **EL ALIMENTO** QUE AVIVA NUESTRA FE EN JESÚS.

SAN IGNACIO DE LOYOLA HACÍA ESTA PETICIÓN ANTES DE LEER EL EVANGELIO:
"AYÚDAME A CONOCER INTERNAMENTE A JESÚS —QUIEN POR MÍ SE HIZO HOMBRE— PARA PODER AMARLO Y SEGUIRLO MÁS.

② ESTE MISMO JESÚS HA RESUCITADO ¡Y **VIVE**! EN Y ENTRE NOSOTROS.

POR ESO, HAY QUE BUSCARLO EN

LA VIDA

MIENTRAS MÁS ATENTOS ESTEMOS A LO QUE PASA EN LA VIDA DE NOSOTROS Y DEL MUNDO...

MÁS FÁCILMENTE VAMOS A RECONOCER A **JESÚS RESUCITADO** EN Y ENTRE NOSOTROS.

¡SÓLO ASÍ PODREMOS AMARLO!

③ Y LO AMAREMOS DE VERDAD CUANDO BUSQUEMOS, JUNTO CON JESÚS, **HACER LA VOLUNTAD DE SU PADRE...**

POR ESO, HAY QUE DEJAR QUE

EL ESPÍRITU DE **JESÚS VIVO**

NOS IMPACTE CON TODO SU AMOR Y QUE **ACTÚE LIBREMENTE** EN NOSOTROS PARA QUE JUNTOS PODAMOS SER **INSTRUMENTOS** DEL AMOR DE NUESTRO PADRE CELESTIAL

④ STA. TERESA DE JESÚS DIJO: LA ORACIÓN ES **AMISTAD** ... ESTANDO MUCHAS VECES A SOLAS CON QUIEN SABEMOS NOS AMA.

POR ESO, HAY QUE PROPICIAR LA ORACIÓN...

Y TÚ

DEBES APROVECHAR TODO LO QUE TE AYUDE A TI PARA ORAR:

- **LOS TIEMPOS:** POCO TIEMPO, PERO DIARIO Y A UNA BUENA HORA.

- **LOS LUGARES:** EN LA CAPILLA, EN EL CAMPO O EN TU CUARTO; DONDE TE SIENTAS A GUSTO.

- **LAS POSICIONES:** CAMINANDO, HINCADO, SENTADO O ACOSTADO...

- **LOS MÉTODOS:** DEBEN SER SENCILLOS... Y LO QUE A TI TE CONVENGA. Y SIEMPRE ESCUCHA A TU ♡.

MEDITACIÓN Y DISCERNIMIENTO ESPIRITUAL

1) Un momento en silencio para meditar sobre lo que *más* te gustó de la historia de Jesús o de la catequesis. ¿Por qué te gustó?

2) Reflexión con preguntas:

Primero, haz un breve repaso de las etapas más importantes de tu amistad con Jesús:

–¿Cuáles fueron los mejores momentos? ¿Por qué?
–¿Qué cosas te ayudaron a ti a propiciar esta amistad?
–¿Cuáles fueron los peores momentos? ¿Por qué?
–¿Qué cosas te estorbaron –o te hicieron falta– para propiciar esta amistad?
–¿Cómo anda tu amistad con Jesús ahora? ¿Por qué?
Piensa en una sola cosa que te gustaría hacer para propiciar más tu amistad con Jesús.

3) *Discernimiento espiritual:*

– *Ver:* releer todo lo que escribiste sobre tus estados de ánimo durante la semana pasada.

– *Escuchar:* Escoger el estado de ánimo que más se ha repetido (¡es ahí donde Dios ahora te habla a ti!).

– *Comprender:* ¿Hasta dónde te llevan tus sentimientos y por qué?

– *Discernir:* ¿Por dónde te quiere llevar el Espíritu de Dios?

– Después, *actuar* junto con el Espíritu (por *amor* y con *paz* en el corazón).

4) Oración: platica todo esto con el Señor y escucha cómo te habla al corazón.

5) Compartir la fe: platicar todos acerca de sus reflexiones y de los frutos de su oración.

SALMO 145

**EL SEÑOR ES TIERNO Y COMPASIVO,
ES PACIENTE Y TODO AMOR.**

El Señor es bueno para con todos, y con ternura
cuida sus obras.

¡Que te alaben, Señor, todas tus obras!
¡Que te bendigan tus fieles!
¡Que hablen del esplendor de tu reino!
¡Que hablen de tus hechos poderosos!
¡Que se haga saber a los hombres tu poder
y el gran esplendor de tu reino!
Tu reino es un reino eterno,
tu dominio es por todos los siglos.

**EL SEÑOR ES TIERNO Y COMPASIVO,
ES PACIENTE Y TODO AMOR.**

El Señor sostiene a los que caen
y levanta a los que desfallecen.
Los ojos de todos esperan de ti
que tú les des su comida a su tiempo.
Abres tu mano, y con tu buena voluntad
satisfaces a todos los seres vivos.
El Señor es justo en sus caminos,
bondadoso en sus acciones.
El Señor está cerca de los que le invocan,
de los que le invocan con sinceridad.

**EL SEÑOR ES TIERNO Y COMPASIVO,
ES PACIENTE Y TODO AMOR.**

SALMO 115

Señor,
glorifícate a ti mismo, y no a nosotros.
¡Glorifícate, por tu amor y tu verdad!
Por qué han de preguntar los paganos:
¿Dónde está su Dios?

Nuestro Dios está en el cielo;
Él ha hecho todo lo que quiso.
Los ídolos de los paganos son oro y plata,
objetos que el hombre fabrica con sus manos:
Tienen boca, pero no pueden hablar;
tienen ojos, pero no pueden ver;
tienen orejas, pero no pueden oír;
tienen nariz, pero no pueden oler;
tienen manos, pero no pueden tocar;
tienen pies, pero no pueden andar;
¡ni un solo sonido sale de su garganta!
Iguales a esos ídolos
son quienes los fabrican
y quienes en ellos creen.

Israelitas, ¡confíen en el Señor!
Él nos ayuda y nos protege.
Sacerdotes, ¡confíen en el Señor!
Él nos ayuda y nos protege.
Ustedes que honran al Señor,
¡confíen en el Señor!
Él nos ayuda y nos protege.

PETICIONES

Padre,
por tu Hijo Jesús,
me has llamado a ser amigo tuyo.
Ayúdame a ser un amigo fiel.
Por eso me uno a toda la Iglesia
para hacerte estas peticiones:

Ayúdanos a comprender que tenemos una verdadera
sed de Ti.
* *Escúchanos, Señor.*

Haz que comprendamos que nuestra amistad contigo es
un proceso.
* *Escúchanos, Señor.*

Ayúdanos a descubrir y hacer juntos tu voluntad.
* *Escúchanos, Señor.*

* (otras peticiones)

Escucha, Señor, todo lo que te hemos pedido, y concédenos lo que nos ayudará a responder mejor a tu llamado. Te lo pedimos por tu Hijo, Jesucristo.
Amén.

(Rezar juntos el *Padrenuestro*)

ORACIÓN A MARÍA

María, nuestra Madre,
sentimos tu presencia entre nosotros.
Tu cariño y tu ejemplo nos animan;
tu intercesión nos salva.

Cuando comprendiste
que el mensaje del ángel Gabriel
era la voluntad del Dios Vivo,
tu Señor.

Con gozo contestaste:
Yo soy la esclava del Señor.
Que Dios haga conmigo
como me has dicho.

Por amor actuaste;
EN PAZ estaba tu corazón.
Sólo así se hace la voluntad de Dios,
nuestro Señor.

María, nuestra Madre,
sentimos tu presencia entre nosotros.
Tu cariño y tu ejemplo nos animan;
tu intercesión nos salva.

(Rezar juntos el *Avemaría*)

ORACIÓN FINAL

(Un momento de silencio para pensar en una sola frase que capte lo que *más* te ha impactado durante esta "Hora Santa". Se comparten las frases.)

Que el Señor nos bendiga,
que nos dé las fuerzas para seguir su llamado
y que nos lleve a una vida plena
tal como nos lo había prometido
desde los tiempos de Abraham hasta ahora.
Amén.

(Un canto final)

Se les recomienda comprar un cuaderno para su discernimiento, en el cual deben anotar sus estados de ánimo de todos los días, su resumen semanal y su corte de caja mensual. Este último sería bueno compartirlo con algún amigo que te pueda escuchar y apoyar.

Día 1

Día 2

Día 3

Día 4

Día 5

Día 6

Día 7

**EL RESUMEN DE
MI SEMANA**

EL RESUMEN DE TODO UN MES

Ya es tiempo de hacer un

CORTE DE CAJA

de tu vida en el Espíritu

para así saber cómo andas y a dónde vas.

1. Releer tus resúmenes semanales.

2. Escribir aquí las principales acciones y actitudes que te han ayudado a vivir:

_____

_____

3. Escribir aquí los principales obstáculos que no te han dejado vivir:

_____

_____

4. ¿Tienes claro a dónde estás encaminándote? ☐

¿Te gusta a dónde vas? ☐

¿Por qué?_____

5. Escribir una cosa que puedas hacer para facilitar tu caminar con el Espíritu:

_____

En la main
1701
San Mateo.